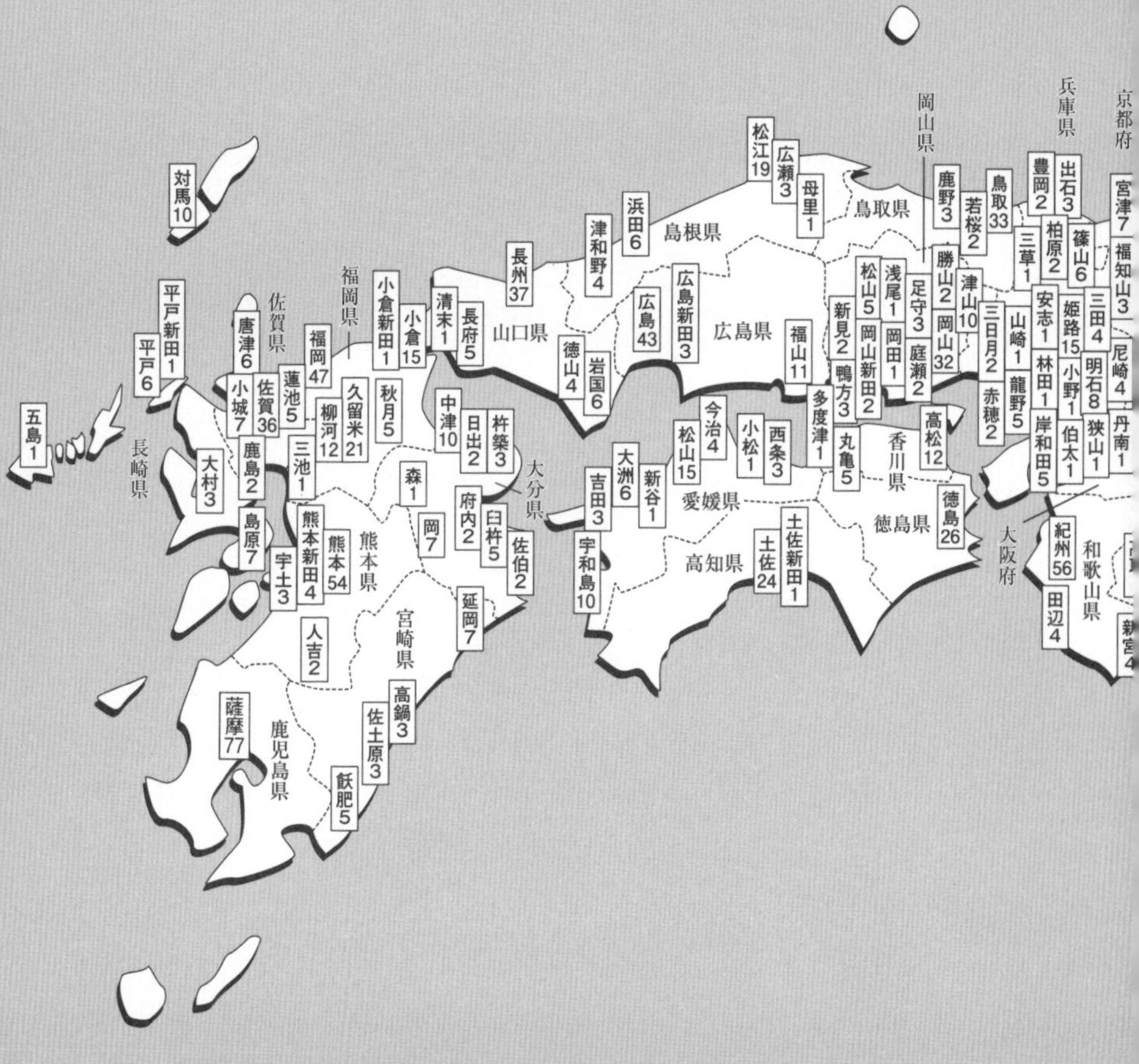
対馬 10
平戸新田 1
平戸 6
五島 1
長崎県
佐賀県
唐津 6
小城 7
佐賀 36
蓮池 5
鹿島 2
大村 3
島原 7
福岡県
福岡 47
柳河 12
久留米 21
三池 1
秋月 5
小倉新田 1
小倉 15
清末 1
長府 5
長州 37
山口県
徳山 4
岩国 6
津和野 4
浜田 6
島根県
松江 19
広瀬 3
母里 1
広島 43
広島新田 3
広島県
福山 11
鳥取県
岡山県
鹿野 3
若桜 2
鳥取 33
勝山 2
津山 10
足守 3
浅尾 1
松山 5
新見 2
岡山新田 2
岡田 1
庭瀬 2
岡山 32
鴨方 3
兵庫県
豊岡 2
出石 3
三草 1
柏原 2
篠山 6
三日月 2
山崎 1
安志 1
姫路 15
三田 4
林田 1
小野 1
明石 8
尼崎 4
赤穂 2
龍野 5
京都府
宮津 7
福知山 3
岸和田 5
伯太 1
狭山 1
丹南 1
大阪府
紀州 56
和歌山県
田辺 4
新宮 4
多度津 1
丸亀 5
香川県
高松 12
徳島県
徳島 26
今治 4
松山 15
小松 1
西条 3
大洲 6
新谷 1
吉田 3
宇和島 10
愛媛県
高知県
土佐 24
土佐新田 1
中津 10
日出 2
杵築 3
大分県
森 1
府内 2
臼杵 5
佐伯 2
岡 7
延岡 7
宮崎県
高鍋 3
佐土原 3
飫肥 5
熊本県
熊本新田 4
熊本 54
宇土 3
人吉 2
薩摩 77
鹿児島県

シリーズ藩物語

田原藩

加藤克己・石川洋一……著

現代書館

プロローグ

田原藩物語

渥美《あつみ》半島は、愛知県の南東部の豊橋市から西に延びた半島で、愛知県の最南端に位置する。南側が高く、北側が低い。分水嶺は南側の太平洋岸に近い。川はほとんど北側の三河湾《みかわわん》に流れ込んでいる。南側太平洋岸は大地震の際にはがけ崩れを起こし、北側三河湾岸はゆっくり沈降している。そのため、古代から渥美半島は少しずつ細くなっている。気候は温暖である。

現在では半島の先端部は行き止まりのように感じる人が多いかと思う。しかし、船で渡れば伊勢《いせ》に近く、渥美半島は東西交通の要所だった。伊勢との行き来は古くから多くあり、伊勢神宮の領地・神《かん》戸《べ》は、三河国では渥美郡にあった。なお、古代の律令制度による渥美郡は、現在の豊橋市の多くと田原市の全域をその範囲とする。そして、平安・鎌倉時代に伊勢神宮領は拡大した。

鎌倉幕府が滅び、政権を掌握した後醍醐《ごだいご》天皇は、腹心の結城宗広《ゆうきむねひろ》に渥美郡の十三の郷（村）を与えた。幕府の再建をめざした足利尊《あしかがたか》氏《うじ》は、光明《こうみょう》天皇を立てて後醍醐天皇に反旗を翻し、南北両朝が並

藩という公国

江戸時代、日本には千に近い独立公国があった

江戸時代。徳川将軍家の下に、全国に三百諸侯《しょこう》★の大名家があった。ほかに寺領や社領、知行所《ちぎょうしょ》★をもつ旗本領《はたもとりょう》などを加えると数え切れないほどの独立公国があった。そのうち諸侯を何々家《け》家中《かちゅう》と称していた。家中は主君を中心に家臣が忠誠を誓い、強い連帯感で結びついていた。家臣の下には足軽《あしがる》層《そう》★がおり、全体の軍事力の維持と領民の統制をしていたのである。その家中を藩と後世の史家は呼んだ。

江戸時代に何々藩と公称することはまれで、明治以降の使用が多い。それは近代からみた江戸時代の大名の領域や支配機構を総称する歴史用語として使われた。その独立公国たる藩にはそれぞれ個性的な藩風《はんぷう》と自立した政治・経済・文化があった。幕藩体制とは歴史学者伊東多三郎《いとうたさぶろう》★氏の視点だが、まさに将軍家の諸侯の統制と各藩の地方分権が巧く組み合わされていた、連邦でもない奇妙な封建的国家体制であった。

今日に生き続ける藩意識

明治維新から百五十年以上経っているのに、今

び立ち、南北朝動乱の時代になった。室町幕府の二代将軍足利義《あしかがよし》詮《あきら》は、佐々木導誉《ささきどうよ》（早くから足利尊氏に仕えて、室町幕府中枢で権勢を誇っていた有力者）を渥美郡地頭に任命した。南朝側も幕府側も、渥美半島を重視していたことがわかる。

南北朝時代後期に一色《いっしき》氏が三河守護となり、渥美郡にも勢力を伸ばした。細川《ほそかわ》氏が三河守護となってからも、渥美郡は一色氏の勢力が強かった。ところが応仁の乱の間に戸田宗光《とだむねみつ》がやって来て、渥美郡を実効支配した。

今川義元《いまがわよしもと》が勢力を強めると、戸田氏を攻めて東三河の直接支配に乗り出す。初めて田原が戦場となり、田原は今川領となった。次に田原が戦場となったのは、徳川家康による田原城攻めである。

関ヶ原の戦い後、戸田尊次《たかつぐ》が田原藩一万石の大名となり、三代続いた。戸田氏が天草《あまくさ》へ移封となり、代わって三宅《みやけ》氏が一万二千石の大名として田原へ入った。それまで渥美半島に縁のなかった三宅氏には、何かとわからないことがあり、難事件が起こる。また、着任早々財政難に苦しんでいる。それでも田原はそのまま三宅氏領として、明治維新を迎えるのである。

でも日本人に藩意識があるのはなぜだろうか。明治四年（一八七一）七月、明治新政府は廃藩置県《はいはんちけん》★を断行した。県を置いて、支配機構を変革し、今までの藩意識を改めようとしたのである。ところが、今でも、「あの人は薩摩藩の出身だ」とか、「我らは会津藩の出身だ」と言う。それは侍出身だけでなく、藩領出身も指しており、藩意識が県民意識をうわまわっているところさえある。むしろ、今でも藩対抗の意識が地方の歴史文化を動かしている。そう考えると、江戸時代に育まれた藩民意識が現代人にどのような影響を与え続けているのかを考える必要があるだろう。それは地方に住む人々の運命共同体としての藩の理性が今でも生きている証拠ではないかと思う。

藩の理性は、藩風とか、藩是《はんぜ》とか、ひいては藩主の家風ともいうべき家訓などで表されていた。

〔稲川明雄（本シリーズ『長岡藩』筆者）〕

諸侯▼江戸時代の大名。

知行所▼江戸時代の旗本が知行として与えられた土地。

足軽層▼足軽・中間・小者など。

伊東多三郎▼近世藩政史研究家。東京大学史料編纂所教授を務めた。

廃藩置県▼幕藩体制を解体する明治政府の政治改革。廃藩により全国は三府三〇二県となった。同年末には統廃合により三府七二県となった。

シリーズ藩物語 田原藩 ―― 目次

これも田原

執筆分担　プロローグ～第三章　加藤克己
第四章～エピローグ　石川洋一
監修　別所興一

田原市周辺
鉄道路線略図
幸田町
蒲郡市
豊川市
飯田線
名鉄名古屋本線
東海道新幹線
名鉄豊川線
豊川
西尾市
蒲郡
東海道本線
名鉄蒲郡線
吉田城址
豊橋鉄道東田本線
赤岩口
豊橋
新豊橋
運動公園前
渥美湾
豊橋市
三河湾
東海道新幹線
渥美線
豊橋鉄道
田原城址
三河田原
田原市
渥美半島
遠州灘

大野町
本巣市
北方町
岐阜市
関市
美濃加茂市
坂祝町
御嵩町
瑞浪市
中津川市
阿智村
下條村
泰阜村
飯田市
岐南町
笠松町
各務原市
可児市
多治見市
土岐市
恵那市
平谷村
阿南町
大垣市
穴八町
大垣市
羽島市
一宮市
江南市
扶桑町
大口町
犬山市
小牧市
根羽村
売木村
天龍村
輪之内町
岩倉市
春日井市
瀬戸市
稲沢市
北名古屋市
豊山町
海津市
愛西市
あま市
清須市
尾張旭市
豊根村
津島市
大治町
長久手町
豊田市
設楽町
東栄町
名古屋市
日進市
蟹江町
東郷町
みよし市
桑名市
東員町
弥富市
木曽岬町
飛島村
豊明市
東海市
朝日町
川越町
大府市
刈谷市
知立市
浜松市
東浦町
阿久比町
安城市
岡崎市
新城市
四日市市
知多市
高浜市
常滑市
半田市
碧南市
幸田町
蒲郡市
豊川市
森町
鈴鹿市
西尾市
武豊町
美浜町
豊橋市
湖西市
磐田市
南知多町
田原市

第一章　戸田氏時代の田原藩

戦国時代の田原戸田氏が田原藩主へ。

田原城桜御門

◆1

戦国時代の田原戸田氏

戸田氏は西三河の碧海郡に住んでいたが、応仁の乱の最中に、渥美郡代一色七郎が出陣して留守の渥美郡へやって来た。そして、戦国時代後期に今川義元に追われるまでは、田原を本拠とする小勢力の戦国大名だった。

戸田宗光、田原へ

康暦元年（一三七九）、三河守護《みかわしゅご》一色範光《いっしきのりみつ》が史料に登場し、三河守護一色氏は四代続いた。一色氏は、足利氏の一族で、鎌倉時代に幡豆《はず》郡一色（西尾市）に土着したことから、一色を名字とした。永享十二年（一四四〇）、四代目の義貫《よしつら》（義《よし》範《のり》）が、将軍足利義教《あしかがよしのり》★に誅殺《ちゅうさつ》され、三河守護は細川《ほそかわ》氏に交代したが、その後も渥美郡には一色氏の勢力が強く、渥美郡代一色七郎《あつみぐんだいいっしきしちろう》★が田原を本拠としていた。

その頃、将軍家と畠山《はたけやま》・斯波《しば》の両家に家督争いが起こった。幕府の実権をめぐって争っていた細川勝元《かつもと》★と山名持豊《もちとよ》★が、これらの争いに介入して、応仁元年（一四六七）、京都で戦国時代の幕開けといわれる応仁の乱が起こった。守護大名たちは、東軍細川方と西軍山名方に分かれて戦った。一色一族は、西軍として京

▼足利義教
室町幕府六代将軍。鎌倉公方足利持氏を討って幕府の威をあげたが、赤松満祐に殺された。一三九四～一四四一。

▼一色七郎
永享十二年（一四四〇）に将軍足利義教の命令で殺害された三河守護一色義範（義貫）の兄持範の子政照といわれる。

▼細川勝元
応仁の乱に、東軍の主将として将軍義政を推戴して戦ったが、勝敗が決まらないうちに没した。一四三〇～七三。

▼山名持豊
出家して宗全と称した。応仁の乱には西軍の主将として戦い、陣中で没した。一四〇四～七三。

都の戦陣に参加した。一色七郎もわずかな手兵を率いて、その中に加わった。

田原戸田氏の初代宗光《むねみつ》は、初め三河国碧海《へきかい》郡上野《うえの》（豊田市上郷町）に住んでおり、田原には縁がなかったと思われるが、一色七郎が応仁の乱に参加するため留守にしていた渥美郡に進出してきた。文明七年（一四七五）頃、大津《おおつ》（豊橋市老津町）に城を構え、渥美半島統一に乗り出した。

文明九年頃、京都での戦いに疲れた一色七郎は、手兵をまとめて郷里田原へ帰陣したが、すでに戸田宗光が実効支配しており、一色七郎にはもはや戸田宗光と戦う力はなかった。一方、戸田宗光からすれば、足利将軍の一門である一色氏と縁組することは都合のよいことだった。

それで、戸田宗光が一色七郎の養子になるということで、両者の妥協が成立した。七郎は、実力者宗光の親の立場となり、以後の人生は安泰である。七郎の実子が存在したかどうか不明である。七郎は大草《おおくさ》村（田原市大草町）に隠居し、宗光は田原に本拠を構えた。しかし、これはあくまで政略的な縁組みだったから、縁組み後も宗光は一色氏を名乗らず、戸田氏を名乗り続けた。田原城の築城時期ははっきりしないが、この後、じきに築城に着手されたと考えられている。

宗光は、延徳年間（一四八九―九二）には老津以西の渥美半島全域を勢力下に収め、明応二年（一四九三）頃、二連木《にれんぎ》城（豊橋市仁連木町）を築いたという。明応八・九年頃、宗光は亡くなり、その子憲光《のりみつ》が跡を継いだ。

一色七郎邸跡（田原市大草町）

二連木城跡
今橋（吉田）城から東に2キロメートル。

憲光の進出と敗北

宗光が二連木に築城した頃、宝飯《ほい》郡では牧野古白《まきのこはく》★（後の長岡藩主牧野氏の先祖）の勢力が強まっていた。駿河の今川氏親《うじちか》★（義元の父）が古白を支援していたと考えられている。そして、永正二年（一五〇五）、今川氏親の命によって古白が今橋《いまはし》城（豊橋市今橋町、後に吉田城と改称される）を完成させた、といわれている。

ところが、翌永正三年、今川氏親と戸田憲光が今橋城を攻撃し、十一月三日、落城、古白は討死、今橋城は戸田氏の領有となった。「古白を支持していた氏親が古白を攻撃するのはおかしいではないか。氏親は松平氏との戦争に出陣したものの憲光の陰謀にかかって古白を攻めてしまった」ともいわれた。しかし、その後、信濃の小笠原《おがさわら》氏にあてた伊勢宗瑞《いせそうずい》★（北条早雲）の九月二十一日付の書状が発見された。宗瑞の書状には、「戸田憲光に協力するために氏親が出陣した。自分も出陣した」と記されており、氏親が憲光に協力して古白を攻める目的で駿河《するが》を出陣したことは、疑えない事実となった。

今川氏親と結んだ憲光は、さらに遠江《とおとうみ》国（静岡県）に進出し、大福寺《だいふくじ》★領（浜松市北区三ヶ日町）に支配を及ぼした。憲光の時、戸田氏の領土は最大になった。永正五年に今川氏親が遠江守護に就任したが、その頃の遠江国にはまだ引馬《ひくま》城

▼牧野古白
文化人でもあり、連歌師の宗長と親しかった。生年不詳～一五〇六。

▼今川氏親
駿河の守護で、遠江に領国を広げた。領国統治のため家法「今川仮名目録」を作った。一四七一～一五二六。

▼伊勢宗瑞
後世、北条早雲と呼ばれることが多い。氏親の叔父にあたり、氏親を助けて今川家の当主とした。伊豆へ進出して大名となった後も氏親とよく行動を共にした。一四五六か～一五一九。

▼大福寺
浜松市北区三ヶ日町にある真言宗の寺。戸田氏撤退の年次を示す史料はない。大福寺納豆は、今川義元や豊臣秀吉、徳川家康、さらに歴代将軍に献上された。

（浜松市）の大河内貞綱《おおこうちさだつな》など前守護斯波《しば》氏に従う勢力が強く存在しており、氏親は憲光を自分の味方にしておくために、自由な行動を許していたようである。

斯波氏の側も今川軍に対して強く反撃し、今川軍も簡単には斯波氏を討つことができなかった。しかし、斯波氏は次第に追いつめられていく。そして、永正十四年、斯波氏は最終的に遠江から撤退した。

遠江で斯波氏の勢力が衰えると、今川氏としては戸田氏の自由な行動を許す必要がなくなった。憲光の大福寺領からの撤退については、「大福寺文書」と呼ばれる手紙群によって、具体的内容を明らかにすることができる。

年欠の三月二十六日付浜名政明《はまなまさあき》（浜名湖北岸の地方豪族で、今川氏に従っていた）の手紙には、「大福寺のこと、以前田原（戸田氏）が当神戸《かんべ》（浜名神戸）を知行していた時、いつも恣意的な支配をして、寺はたいへん迷惑していた」とあり、政明が知行する以前に戸田氏が浜名神戸を知行していたことがわかる。

戸田憲光が浜名神戸を知行していた時に、憲光の代官斎藤《さいとう》の部下が大福寺領の北原山《きたはらやま》に入り込んで乱暴狼藉を働いたとして、十二月二十日、大福寺の実相坊《じっそうぼう》（詳細は不明。大福寺を代表して行動した）が今川方の遠江高天神城《たかてんじんじょう》城主の福島助春《くしますけはる》に訴状を提出した。助春は留守だったが、福島氏の動きは早かった。助春の一族福島範能《のりよし》が、助春の代理で二十二日に訴状を見て、翌二十三日に実相坊あてに返書を送っている。その中で、「斎藤の部下のやったことは言語道断である。田原

戸田氏・牧野氏関係略図

へも返事を届けるから、ご安心ください」と述べて、はっきりと大福寺側を支援している。また、「斎藤には速やかに返事をさせる」ともある。

二十七日には斎藤の弁明に対する対応を実相坊に知らせているが、その中で、「寺に対して乱暴狼藉を働いた者は成敗するよう、斎藤に対して堅く申し付けたからご安心ください」と述べている。「昨日、助春が帰ってきた」とあるが、その後も実相坊に対して範能が連絡を取り続けている。

年が明けて正月五日、福島範能は実相坊に斎藤の反応を聞く書状を送っている。実相坊から出した手紙が伝わっておらず、また、福島氏と斎藤及び田原の戸田憲光とのやり取りも何度かあったはずだが、それも伝わっていないので、詳細は不明だが、福島氏と実相坊との連絡が密だったことはよくわかる。

結局、憲光は後退を余儀なくされた。八月二十九日には範能と助春が実相坊あてに手紙を出したが、同時に憲光が助春あてに八月二十一日に出した手紙の写しを送っている。それで、一連の動きの中で戸田氏の側から出した書状は、この一通だけが写しで伝わっている。憲光は、「北原という所を寄進することに同意します。この地は、二百年、三百年の間、寺領だったことはありませんが、上様（今川氏親）が判を押されて命じられたからには致し方ありません」と述べている。

ところで戸田氏の動向を記したこの「大福寺文書」は、いずれも年欠である。一部の手紙の包み紙に「永五正月状」とあるが、これは中味と異筆であり、十二

大福寺

月の手紙にも「永五正月状」とあるなど、年を決定する決め手にはならない。後世に書いたか、別の手紙の包み紙と入れ替わった可能性がある。それ故、当時の政治情勢を考慮して年を推測するしかない。斯波氏の力が弱くなって以降、次に述べる舟形山の戦い以前が最も妥当だろう。

　氏親に命じられて、憲光はしぶしぶではあるが、その時はおとなしく大福寺領から撤退した。憲光には、氏親に対する不満がたまっていったのだろう。氏親が信濃の小笠原氏にあてた年欠三月十日付の手紙に、「田原弾正兄弟を数年援助してきたのに最近敵方になったので、軍事行動を予定している」とある。その後、憲光は三河・遠江の境の舟形山《ふながたやま》の戦いにおいて今川方の朝比奈《あさひな》泰以《やすもち》に敗北した。この時の今川軍本隊の動きはわからない。

　この舟形山の戦いについては、年次と戸田氏の当事者の名を明示した史料がない。時期については明応説と永正説があり、明応説ならば戸田氏は宗光であり、永正説ならば憲光の代になる。かつては明応説が有力だった。ところが、戸田氏を舟形山で敗北させた朝比奈氏については、泰以という名が明記されている。

　永正八年または九年、遠江掛川《かけがわ》城（静岡県掛川市）城主朝比奈泰熙《やすひろ》が不慮に病死し、その子泰能《やすよし》は幼少のため、泰熙の弟泰以が補佐した。そして、十年後に家督を泰能に渡して隠居した。舟形山の戦いは、泰以の今川家に対する十年間の軍忠の一つである（『宗長手記』★）。したがって、この戦いは永正八年または九年から

▼『宗長手記』
島津忠夫校注『宗長日記』（岩波文庫一九七五年）所収。宗長は、室町後期の連歌師。今川氏親に仕え、駿河と京の間を行き来した。一四四八～一五三二。

十年間の出来事ということになり、明応説は成り立たない。

長興寺《ちょうこうじ》（田原市大久保町）に「政光《まさみつ》詫び状」が残っている。それによれば、永正十五年正月、政光の名で、今川勢の渥美郡乱入に際して雑兵たちが寺に迷惑をかけたことを長興寺に詫びている。今川勢といっても、誰がどの程度の軍勢で渥美郡のどこまで侵入したのか、具体的なことはわからない。この「政光詫び状」の前の永正十四年末頃に舟形山の戦いがあった、と考えられる。憲光は舟形山で敗北し、逃げ延びて知多郡河和城（美浜町）に隠居し、子の政光が後始末をしたのだろう。憲光は、大永七年（一五二七）まで河和城で存命した。

戸田氏の勢力がどこまで後退したのかはっきりはしないが、今橋城は牧野信成《のぶなり》（古白の孫）が取り返した。今度は今川氏が牧野氏を助けたようである。

このように現在の豊橋市を本拠とする大名が存在しないで、渥美郡の戸田氏と宝飯郡の牧野氏が今橋城を取り合っていたのが、戦国時代前半の東三河の動向だった。そして、今川氏はまだ東三河を直接支配しようとはせず、その時々で戸田氏を助けたり、牧野氏を助けたりしていたのである。

今川義元の支配

戸田氏は四代宗光（初代と同名、康光ともいう）・五代堯光《たかみつ》の代になった。今川氏

河和城略図

長興寺
田原市大久保町にある曹洞宗の寺。戸田氏歴代の墓がある。

は義元《よしもと》（氏親の子）の代になって勢力を強め、三河への進出を図り、戸田氏に対して圧力を強め始めていた。以前なら今川氏が戸田氏を圧迫すれば、牧野氏が有利な立場になったのであるが、今回は牧野氏としても喜べない状況だった。

今川義元の三河侵攻が近づいた天文十五年（一五四六）九月二十八日、牧野保《やす》成《なり》（信成の子）は今川義元★に対して、今橋・田原の戸田氏、長沢《ながさわ》（豊川市）の松平氏★が今川氏に敵対した場合の知行給付などについて申し出た。それより以前に牧野保成は、戸田氏が敵対したら今橋を自分に与えてほしいと要望していたが、今橋を直接支配しようとする義元には聞き入れられず、今橋の回復をあきらめて、豊川《とよがわ》から西の戸田支配地域を与えてもらう約束で妥協せざるを得なかった。そこで、本田縫殿助《ほんだぬいのすけ》（出自不詳）に奪われた伊奈《いな》（豊川市小坂井町）については、本領だから返してもらいたいと主張した。

同年十一月、今川は今橋城を攻撃し、戸田氏から奪った。二連木の戸田宣光《のぶみつ》（康光の次男）は、今川方に通じていたせいか、安泰だった。今橋城には今川方の城代が置かれた。その頃、今橋城は吉田《よしだ》城と呼ばれるようになった。

織田信秀《おだのぶひで》★（信長の父）の圧迫を受けた松平広忠《ひろただ》★（清康の子）は今川義元に助けを求め、子の竹千代《たけちよ》（後の徳川家康）を人質として駿府《すんぷ》へ送ることとなった。天文十六年八月二日、竹千代一行は岡崎を出立したが、途中で田原の戸田氏による強奪事件が発生し、竹千代は尾張《おわり》の織田氏のもとへ送られたとされている。ただし、

▼今川義元
駿河・遠江から三河に領国を広げ、今川仮名目録追加を制定した。桶狭間の戦いで織田信長に討たれた。一五一九～六〇。

▼長沢松平氏
松平氏一族のうち、現在の豊川市長沢町を本拠とした一門。

▼織田信秀
信長の父。尾張守護代清州織田家の三家老の一人であったが、次第に勢いを得て織田一族中最強となる。今川氏・松平氏らと争う。一五一一～五二。

▼松平広忠
清康の子。徳川家康の父。今川義元と結んで三河を平定したが、近臣に刺されて死んだ。一五二六～四九。

この竹千代強奪事件は、後世（江戸時代以降）に編纂された書物にのみ書かれているもので、近刊の『愛知県史』の資料編では採用していない。近年、広忠が信秀に降参し、竹千代を人質として尾張へ引き渡したという説が登場した（村岡幹生「織田信秀岡崎攻落考証」『中京大学文学会論叢1』）。しかし、江戸時代に作成された系図『寛永諸家系図伝』★や『寛政重修諸家譜』★で、その時の戸田氏の当主について、実名がわかっているのにわざと名を伏せて「某」としていることなどから、戸田氏にも何か隠したいことがあったのではなかろうか。

同月二十六日、太原崇孚《たいげんそうふ》★（雪斎《せっさい》。臨済宗の僧侶。今川義元の政治顧問として活躍。軍の指揮も行った）は、牧野保成に今川氏の出兵が近いことを伝え、防備を固めさせた。そして九月五日、太原崇孚は田原城を攻めた。この時、田原落城といわれるが、戸田氏を討ち取った記録はない。

近年、この時には戸田氏がよく防戦して今川方は引き下がった、という説が登場した（山田邦明著『戦国時代の東三河　牧野氏と戸田氏』）。そうだとしても、そう遠くない時期に戸田氏は田原城を明け渡して、今川方の代官が入城したことは確かである。それがいつなのかはわからない。今川方の田原城攻撃の記録は一回しかないが、実際には複数回の攻撃があったのかもしれない。

従来は、戸田氏による強奪事件に激怒した義元が戸田氏を攻めた、と説明されていたが、事実を順番に列挙してみると、前年、今川氏は戸田氏から今橋城を奪

▼『寛永諸家系図伝』
江戸幕府が編纂した最初の大名・旗本諸家の総合的系譜。一六四三年完成。

▼『寛政重修諸家譜』
江戸幕府編纂による大名・旗本・幕臣の系譜。『寛永諸家系図伝』の全面的改撰をめざし、新たに諸家に系図を書き上げさせて大成したもの。一八一二年完成。

▼太原崇孚
臨済宗妙心寺派の禅僧。今川義元の政治顧問として活躍、軍の指揮も行った。

っており、明らかに今川氏が先に攻撃している。また、通説のように八月二日に竹千代強奪事件が起こり、それを聞いた義元が激怒して、それから侵攻準備を開始したとするならば、九月五日に田原で激戦では早すぎる。前年の今橋城攻めでは、侵攻の二カ月前に牧野氏はすでに知っていた。戸田氏が強奪したとすれば、「窮鼠《きゅうそ》猫を噛む」というような抵抗をしたのではないだろうか。

宗光の弟光忠《みつただ》とその子忠次《ただつぐ》は、田原城を出て、野田村（田原市野田町）の西円《さいえん》寺《じ》★を経由して、碧海郡佐々木の上宮寺《じょうぐうじ》★（岡崎市上佐々木町）へ逃れた。

家康の三河統一と戸田氏

しかし、今川氏の三河支配は、長くは続かなかった。永禄三年（一五六〇）五月、今川義元は駿河・遠江・三河の軍勢を率いて尾張へ進撃したが、十九日、桶狭間《おけはざま》（名古屋市緑区と豊明市の両説）において織田信長《のぶなが》★に討ち取られてしまった。総大将がいなくなってしまったため、今川軍は総崩れとなり、駿河へ敗走した。

今川軍の一武将として参戦していた松平元康《もとやす》★（幼名竹千代、後の徳川家康）は、郷里岡崎へ入り、同年中は今川方として行動し、義元の息子で後継者の今川氏《うじ》真《ざね》★に再挙を勧めていた。しかし、翌永禄四年には元康は独自に信長と講和し、今度は信長と共に今川方と戦い、同年中に西三河から今川方を一掃した。

▼西円寺
浄土真宗の寺。当時は佐々木（岡崎市）の上宮寺の末寺。大永七年（一五二七）田原戸田氏四代宗光の斡旋によって空明（俗名本多忠利）が保井道場（空明の代に西円寺と改名）の道場主として迎えられた。したがって、戸田氏の菩提寺と宗旨は違うが、戸田氏と縁が深かった。

▼上宮寺
当時、浄土真宗本願寺派の中本山。野寺村（安城市）の本證寺、針崎村（岡崎市）の勝鬘寺と共に三河三カ寺と呼ばれ、教団の中核をなしていた。

▼織田信長
尾張・美濃を統一し、足利義昭を報じて上京。後、義昭を追放し、安土を拠点に天下統一を進めたが、天正十年（一五八二）、京都本能寺に滞在中、家臣明智光秀に襲撃され、自害した。一五三四～八二。

▼松平元康
松平広忠の子。幼名竹千代。元服して元信、次いで元康と名乗る。後に徳川家康と名乗る。慶長五年（一六〇〇）関ヶ原の戦いに勝利し、慶長八年、征夷大将軍に就任し、江戸幕府を開いた。一五四二～一六一六。

東三河の武将たちの中にも次第に氏真を見限って、元康につく者が現れた。例えば、二連木の戸田重貞《しげさだ》（宣光の子）は、早くから元康に内通していた。元康は永禄五年一月、清州《きよす》城（愛知県清須市）に赴き、信長と会見して盟約を結んだ。永禄六年七月、元康は家康《いえやす》と改名した。

永禄六年九月に三河一向一揆《いっこういっき》★が起こった。家康の家臣の中にも一向宗（浄土真宗）の門徒が大勢いて、寺側につく者も多くいた。戸田忠次は一向宗門徒ではないが、上宮寺へ逃れていたため、当初一揆側に加担して寺に籠城したが、途中から家康側に変わった。翌永禄七年、一揆勢に勝利した家康は、東三河の制圧に乗り出した。家康は重貞の本領を安堵★し、所領を加増した。吉田城攻めの戦いの中で重貞が討死すると、家康は重貞の弟忠重《ただしげ》に兄の遺領を安堵した。

氏真も味方の戦功・忠節を賞するなど吉田城の維持に努力したが、その努力もむなしく、翌永禄八年三月、吉田城は開城し、今川方の城代は遠江へ退却した。

田原城は今川方の城代朝比奈元智《もととも》（掛川城主朝比奈氏と同族。今川義元に信頼された）が守っていた。攻撃軍の大将は本多広孝《ほんだひろたか》★だった。家康は広孝に、新たに加治《かじ》砦（田原市加治町）を築かせた。攻撃軍の本隊は加治砦を拠点にすることによって田原城攻略を図った。戸田忠次は田原生まれで、田原周辺の地理を知っていることから、別動隊の先導役を命じられた。別動隊は海路を取り、馬草《まくさ》（田原市野田町）に上陸して野田、大久保を経て西側から田原城へ向かった。

▼今川氏真
今川義元の子。駿河・遠江・三河を領する大名だったが、武田信玄に攻められて領国を失う。北条氏のもとに迎えられたが、後に徳川家康を頼る。一五三八〜一六一四。

▼一向一揆
親鸞を開祖とする浄土真宗を、当時は一向宗と呼んだ。一向宗門徒が大名と対立して起こした一揆を、一向一揆という。

▼所領安堵
土地の領有権を承認すること。

▼本多広孝
家康の家臣。田原城を攻略する際の大将で、その後しばらく田原を居城とした。一五二七〜九六。

野田・大久保の境の古戦場

家康は、加治砦から六連《むつれ》（田原市六連町）の古刹長仙寺《ちょうせんじ》へ移り、そこを総本陣と定めて、総攻撃を命じた。田原城の攻防戦は、攻撃軍が優勢となり、朝比奈元智は田原城を明け渡して駿河へ敗走した。その時期を、『田原町史』は永禄八年五月中旬頃、『新編岡崎市史』は吉田開城とほぼ同じ三月頃としている。

吉田城攻め、田原城攻めとも、同時代史料はほとんどなく、後の編纂物によるため、真相はつかみにくい。

田原落城後、田原城攻めの総指揮官だった本多広孝が田原城主となった。戸田忠次は大津村（豊橋市老津町）七百貫の土地を拝領し、大津城主となったという。忠次は翌永禄九年十二月二十九日、与力二二人を指揮する大将となり、与力の領地は野田村の一部をあてがわれた。

永禄九年末、家康は松平を徳川《とくがわ》に改める勅許を得、翌年より徳川家康と名乗り、「三河守」に任官している。

永禄十年、二連木の戸田忠重が二十七歳で病死した。跡取り（後の康長）は六歳だったが、家康は久松俊勝《ひさまつとしかつ》の娘（家康の母が広忠と離縁した後、久松俊勝と再婚して生んだ子）を輿入《こしい》れさせ、松平の称号を許した。

永禄十一年から翌年にかけて、家康は武田信玄《たけだしんげん》★と結んで今川氏真を攻め、遠江のほとんどを手中にした。戸田忠次は吉田城主酒井忠次《さかいただつぐ》★の指揮下に入って、遠江攻略戦に参加した。

大津城跡
現在、豊橋市立家政高等専修学校が建っている。

▼武田信玄
甲斐守護武田信虎の子。名は晴信。甲斐から信濃、さらに駿河を領国に加え、織田信長と対立した。一五二一～七三。

▼酒井忠次
家康の叔母の夫にあたり、重臣として若年の家康を支えた。一五二七～九六。

②戸田尊次、田原城主となる

戸田尊次は、徳川家康に仕えて小牧・長久手の戦い、小田原合戦、関ヶ原の戦いなどに出陣して、先祖の本領であった田原の初代藩主となった。そして、田原藩主戸田氏が三代続いた。

和地村拝領まで

戸田尊次《たかつぐ》は、忠次の次男で、幼名を甚九郎《じんくろう》といった。『寛政重修諸家譜』に「永禄八年三河国に生る」とある。永禄八年（一五六五）といえば、家康が田原城を攻略した年である。八月、忠次はその時の功績によって大津村（豊橋市老津町）を与えられた。尊次が生まれたのは、その前か後か不明である。

天正三年（一五七五）五月、織田・徳川連合軍は、長篠の戦い★（愛知県新城市）において武田勝頼《かつより》★を破ったが、武田方の勢力は本領の甲斐・信濃の他に、まだ遠江にも残っていた。同年八月、戸田忠次の嫡男忠清《ただきよ》は、父と共に徳川家康の家臣として従軍していたが、遠江諏訪原《すわがはら》城（静岡県島田市金谷）の攻防戦で討死した。十七歳だったという。そこで、忠次の次男甚九郎が元服し、尊次と名乗った。烏《え》

▼長篠の戦い
天正三年（一五七五）織田信長・徳川家康の連合軍が武田勝頼の軍を三河設楽原（愛知県新城市）で破った戦い。織田軍の鉄砲隊が活躍したことで有名。

▼武田勝頼
信玄の四男。信玄死後家督を継ぎ領国を経営。一五七五年、長篠の戦いで織田・徳川連合軍に大敗。一五八二年、織田軍に攻められ、天目山麓の田野で自刃し、武田氏は滅亡した。一五四六〜八二。

帽子親《ぼしおや》★は、二連木城の戸田吉国《よしくに》だったと伝えられている。

天正十年、武田勝頼は織田軍らに撃破されて自刃し、武田氏は滅びた。家康は三河・遠江・駿河の三カ国を領有することとなった。同年、天下統一を進めつつあった織田信長が、京都本能寺において家臣の明智光秀《あけちみつひで》★に討たれると、中国地方から急ぎ帰った豊臣秀吉が光秀を討って、急速に勢いを増した。

天正十二年三月、信長の子信雄《のぶかつ》は、織田家に代わって天下人になりつつある秀吉に反発して、亡父信長の盟友だった家康を頼った。信雄に頼られたことによって、家康は秀吉と戦うことの正当な根拠を手に入れた。こうして、秀吉と家康とが対決することとなり、尾張の小牧《こまき》・長久手《ながくて》で戦闘が開始された。

この小牧・長久手の戦いに、尊次は父忠次と共に参加した。尾張の大野城（常滑市）を守っていたという。尊次についての詳しい記述はないが、忠次に関する記事に、伊勢国を鎮めようとして秀吉方の九鬼嘉隆《くきよしたか》★と北浜（三重県伊勢市）で戦い、忠次の手の者が先駆けして敵勢を打ち破ったとある。ところが、同年十一月になると、織田信雄が秀吉の戦略に屈して単独講和を結んだため、家康は戦争を続ける理由がなくなった。家康も講和に応じ、小牧・長久手の戦いは、最終的な勝敗を決せずに終わった。家康は秀吉の天下統一に協力することとなった。

この戦いの後、尊次は和地《わじ》村（田原市和地町）五百石を拝領した。『田原城主考★』は、和地村の記録「大山《おおやま》記」によって、忠次が大津村と和地村とを知行する

▼烏帽子親
武士が元服（成人）する時、有力者を仮親と頼み、烏帽子をかぶせてもらい、名をつけてもらう風習があった。その仮親を烏帽子親という。

▼明智光秀
美濃の土岐氏の一族で織田信長に重用されたが、一五八二年、信長を京都本能寺に襲って滅ぼした。羽柴秀吉と山城山崎で戦って敗れ、敗走の途次、現地の野武士に殺された。一五二八〜八二。

▼九鬼嘉隆
初め北畠氏に属し、後、織田信長・豊臣秀吉に仕え水軍の将として熊野水軍を率いる。関ヶ原の戦いには西軍に属し、敗れて自殺する。一五四二〜一六〇〇。

▼『田原城主考』
萱生玄順（一七七二〜一八三七、田原藩医にして儒者）著。天保四年（一八三三）頃成立。田原戸田氏初代宗光から忠昌までの代々田原城主について考証と関係史料を収録したもの。

ことになった際に、忠次は大津村に御屋敷を構え、尊次は和地村大明神の前の畑、先祖安右衛門の屋敷居宅であった場所に御部屋を建てたと記している。

その前年天正十一年二月二十四日、尊次は深溝《ふこうず》（額田郡幸田町）の松平家忠★の妹と大津（豊橋市老津町）で婚礼を挙げ（『家忠日記』）、徳川・松平一族との親戚関係を築いた。

小田原合戦

天正十四年（一五八六）、豊臣秀吉は関白太政大臣《かんぱくだいじょうだいじん》となり、天下統一事業は大きく前進した。

ところが、関東八カ国を領する小田原の北条氏直《ほうじょううじなお》★は、本拠地小田原城の防御力を過信してか、秀吉への臣従を拒んだ。そこで、秀吉は大軍でもって小田原城を攻めることにし、天正十八年三月、諸大名に対して大動員令を発した。総勢二十二万が動員され、家康軍が先鋒部隊を務めたという。

戸田忠次・尊次父子も、この戦いに従軍した。六十日余りの攻防の末、北条氏直は降伏し、領地は没収され高野山へ追放された。氏直の父氏政《うじまさ》と弟の氏照《うじてる》は、主戦派だったということで、切腹を命じられた。この戦いでの尊次について、『寛永諸家系図伝』では、「父とおなじく後備えとなる」とある。

▼松平家忠
三河深溝の人。伊忠の子。徳川家康に従い、長篠の戦い、小牧・長久手の戦い、小田原合戦、などを歴戦。一六〇〇年、伏見城を守っていて関ヶ原の戦いの前衛戦として西軍に攻められ戦死。一五五五～一六〇〇。

▼北条氏直
氏政の子。後北条氏第五代の主。一五九〇年、秀吉の小田原攻撃を受け、籠城数カ月の後開城。徳川家康の婿という関係から一命を助けられ、高野山に籠居。一五六二～九一。

秀吉は北条氏の旧領関東八カ国を家康に与えるのと引き換えに、それまで家康が領有していた三河など五カ国を取り上げることとし、家康は秀吉の意向に従った。家康の家臣たちは皆、旧領を離れて関東各地に配属された。戸田忠次・尊次父子は、伊豆国下田城（静岡県下田市）に入り、五千石を与えられた。住み慣れた渥美郡を離れて、新しい領地下田に赴任したのである。慶長二年（一五九七）六月二十三日、忠次は病のため下田城で亡くなった。六十七歳だった。

関ヶ原の戦い

秀吉の朝鮮出兵★の時、家康には渡海命令は下らなかったので、諸将が朝鮮での戦いに疲弊する中、家康は兵力を温存し、着々と勢力を強めていた。家康の家臣である戸田忠次・尊次父子も、その間国内にいて平和な生活を営んでいた。

慶長三年（一五九八）に秀吉が病没し、さらに、その翌年に前田利家★が病没したことから、五大老★筆頭の徳川家康の勢力は格段に強まった。石田三成★らは家康に反発し、家康方と三成方の争いが激しくなっていった。ついに慶長五年九月十五日、両者は美濃国関ヶ原（岐阜県不破郡関ヶ原町）で戦い、東軍徳川家康が大勝利を収めた。この時の尊次の働きについては、「御所ノ後陣ヲ承ル」とあるのみである。戦いが終わると、家康は石田方の西軍大名の領地の多くを没収し、諸大

▼朝鮮出兵
文禄・慶長の役。十六世紀末、豊臣秀吉によって起こされた朝鮮侵略戦争。一五九八年、秀吉の死で停戦協定を結び、全軍が帰還、終結した。

▼前田利家
金沢藩前田家の祖。織田信長に仕え、桶狭間、姉川、長篠の戦いなどに従軍。豊臣政権下で五大老の一人として徳川家康に次ぐ実力をもち、秀吉の死後豊臣秀頼を補佐して家康との対立関係の調整にあたった。一五三八〜九九。

▼五大老
豊臣政権で重要政務の合議にあたった有力大名。

▼石田三成
豊臣秀吉に仕え、五奉行の一人。秀吉死後、徳川家康の勢力を忌み、反対勢力を集めて一六〇〇年美濃関ヶ原で家康と戦って敗北。一五六〇〜一六〇〇。

名の配置転換を行った。尊次は、青山宗勝《あおやまむねかつ》★の越前丸岡城《まるおかじょう》（福井県坂井市丸岡町）の領地没収と城受け取りの軍使として越前へ向かい、翌年三月まで丸岡城を守った。

田原城主

慶長六年（一六〇一）三月、丸岡城から帰った尊次は、戸田氏累代の本領である田原城を賜り、一万石の大名となった。『寛永諸家系図伝』に、「同年、参州田原の城をたまふ。これ先祖の城たるによりてなり」とある。この時、尊次は三十七歳だった。そして慶長十二年に従五位下に叙せられた。戸田一族ではその頃、二連木の戸田康長が上野国白井《しらい》城（群馬県渋川市）二万石を拝領し、その子孫が後に松本城主となる。また、戸田一西《かずあき》が近江国大津城（滋賀県大津市）三万石を拝領し、その子孫が後に大垣《おおがき》城主となる。

家康は慶長八年二月十二日、征夷大将軍に任ぜられたが、わずか二年で将軍職をその子秀忠《ひでただ》★に譲った★。これは徳川家が代々将軍として日本を治めること、つまり、秀頼★が成長した後も政権を豊臣家に返さないという意思を示したものであり、豊臣家との関係は悪化した。慶長十六年三月二十八日には、家康と秀頼が二条城★において会見するなど、和平への努力も試みられたが、両者の対立は深まってい

▼**青山宗勝**
丹羽長秀、豊臣秀吉に仕えた。一五九八年、越前丸岡城と四万六千石を与えられた。一六〇〇年の関ヶ原の戦いで西軍に属し改易された。その後は旧主長秀の子丹羽長重に仕えた。一五六一～没年不詳。

▼**秀忠**
二代将軍徳川秀忠。家康の三男。家康の後を受けて、幕府組織の拡充、整備強化を行った。一五七九～一六三二。

▼**秀忠に譲った**
将軍職を譲った後も、家康は大御所と呼ばれて、政治を主導した。

▼**秀頼**
豊臣秀頼。秀吉の子。母は淀殿。徳川秀忠の娘千姫と結婚したが、豊臣と徳川の融和がならず、慶長二十年（一六一五）大坂夏の陣で自害。一五九三～一六一五。

▼**二条城**
京都市中京区にある城。慶長八年（一六〇三）年、徳川家康が創設。目的は京都の警衛ならびに上洛の際の宿所。

▼**茶うす山**
茶臼山。大阪市天王寺区の天王寺公園にある丘。冬の陣で徳川家康が陣を置いた。

き、ついに慶長十九年、家康は諸大名を動員して大坂城を包囲し、十一月十九日、大坂冬の陣が始まった。

この時、尊次は初め岡崎城を守り、その後大坂に馳《は》せ参じ、家康の陣にあった。『寛永諸家系図伝』には、「茶うす山★にありて大権現の後備となる」とある。わずか一万石の大名のため、戦役の諸将配置図には尊次の名前が登場しない。

十二月十九日に講和が成立したが、じきに決裂し、翌慶長二十年四月、再び大坂城攻め（大坂夏の陣）となった。五月、大坂城は落城し、秀頼と淀殿は自刃して果てた。この時、三河国東部の将兵は皆徳川頼宣《よりのぶ》（後の初代紀州藩主）に従っており、尊次もその中にあったという。

この年七月、尊次は京都において病没した。五十一歳だった。その跡は嫡男の忠能《ただよし》が継いだ。この時、忠能は三十歳だった。

忠能は天正十四年（一五八六）、尊次が和地村を治めていた時、長男として生まれた。慶長五年秋、十五歳で父尊次と共に関ヶ原の戦いに出陣し、二度の大坂の役には将軍家の手勢に加わっている。忠能が田原城主だった時期は、平和なためか記事がない。正保四年（一六四七）正月三日、六十一歳で病没した。忠能には男子がなく、実弟忠次（『田原城主考』は「忠継」と記すが、その他の書物では祖父と同名の「忠次」とするものが多いようである）の長男を養子とした。

寛永７年戸田忠能所領図

⬭と□が所領。
注：神戸村は市場、漆田、青津、赤松、志田、新美、水川、元前、谷ノ口、東ガ谷の10郷
（『田原町史』上巻より）

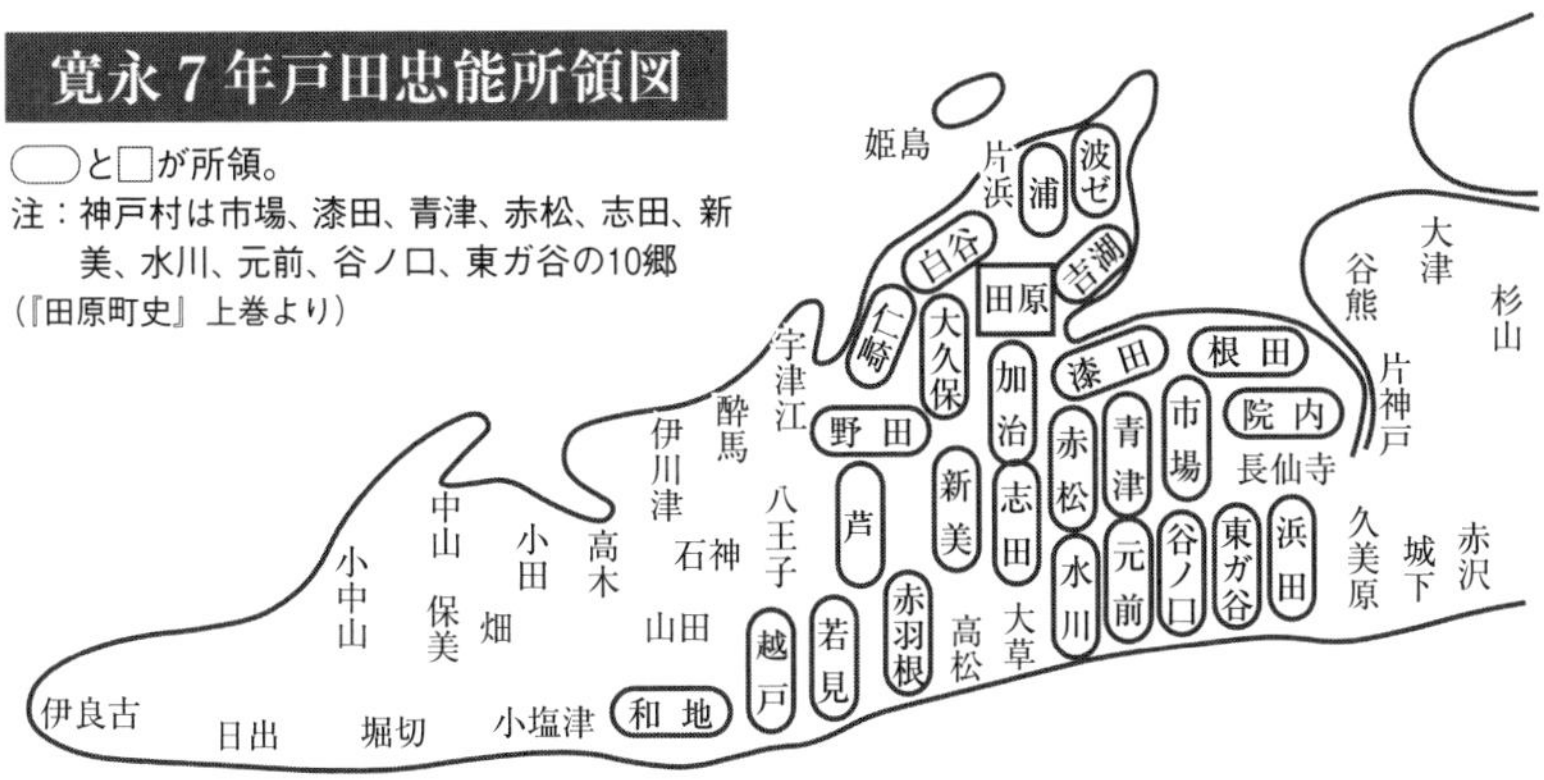

③ 家康・秀忠の巻狩

昔の渥美半島には、鹿や猪など野生の動物がたくさん生息しており、武士の戦闘訓練の一種である巻狩も何度か行われた。徳川家康や秀忠が来て、多人数による大巻狩が行われたこともある。

家康の巻狩

家康の田原地方での巻狩《まきがり》★は、『田原城主考』によれば天正十三年（一五八五）九月と同十五年九月（または八月）の二回である。しかし、『家忠日記』その他の史料では、天正十五年九月の一回のみである。ただ、『家忠日記』等にしても、すべてを記録したわけではないから、記事がなくても巻狩が行われた可能性はある。なお、その時のようすは、『田原城主考』も、「三州田原ニ狩シ玉フ」とあるのみで、参加者の人数や捕った獲物の数量などはわからない。

この時は豊臣政権下にあり、三河国は家康の領地で、田原城主は本多広孝の子康重の代だった。後に田原城主となった戸田氏は、この巻狩を記念して家康の狩場御館跡の蔵王山山柄沢《やまがらさわ》（田原市田原町）に東照権現★を祀った。

▼巻狩
戦闘訓練の一種で、鹿や猪などを四方から遠巻きにして行う狩り。

▼東照権現
徳川家康が亡くなると、幕府はこれを駿河の久能山に葬ったが、翌年、日光に改葬。朝廷から東照大権現の神号を与えられた。その後、全国に勧請された。

秀忠の巻狩

江戸時代に入って、徳川家と豊臣家の関係が険悪化してきた時期のことである。慶長十五年（一六一〇）閏《うるう》二月、徳川二代将軍秀忠が諸大名を率いてやって来て、渥美半島の各地で大巻狩を催したとされている。その時のようすは、『当代記』★に書かれているのをはじめ、『大日本史料』★に載っている『寛政重修諸家譜』の本多忠勝、★阿倍正之、★安藤正次、『土井利勝年譜』★、『井伊年譜』等、多くの史料に見える。『田原町史』などもこれを採用している。しかし、後述するように、これにはどうも納得しがたいことが見られるが、まずは『当代記』によって秀忠一行の動きを追ってみよう。

慶長十五年二月二十日に江戸を発った秀忠は、二十四日、駿府《すんぷ》（静岡市）に到着した。そして閏二月十日、駿府を発って、十四日、田原へ着き、同月十六日より二十三日まで、蔵王山麓から始めて渥美半島一帯を移動しながら、巻狩を展開した。

巻狩にあたっては、田原藩主の戸田尊次が世話役を務めたことであろう。しかし、巻狩の史料になぜか尊次が登場しない。この時の獲物は、鹿五六一匹、猪八〇匹だったという。そして、二十四日には田原を発って、二十七日に駿府へ着き、

▼『当代記』
寛永年間（一六二四〜四四）頃に成立したとされる史書。編纂者は松平忠明といわれるが不詳。徳川家康の業績を中心にして戦国時代から江戸時代初期の出来事を記している。

▼『大日本史料』
東大史料編纂所編。平安時代の宇多天皇（八八七年即位）から江戸時代までを対象とし、歴史上の主要な出来事について年代順に項目を立て、典拠となる史料を列挙する。編纂・刊行中。

▼本多忠勝
江戸幕府創業の功臣で、慶長六年（一六〇一）伊勢桑名城十五万石。徳川四天王の一人。一五四八〜一六一〇。

▼阿倍正之
幕臣、旗本。二代将軍徳川秀忠に仕え、一六一四年大坂冬の陣に従軍。大名の改易転封の際の特使、大土木工事の奉行として活躍した。一五八四〜一六五一。

▼土井利勝
徳川秀忠に仕えて老中、三代将軍家光に仕えて大老に進む。一六三三年古河に移り十六万石。一五七三〜一六四四。

三月五日駿府を発って江戸へ向かった。

家康と比留輪山

巻狩が行われた場所の一つ、比留輪山《ひるわやま》（田原市野田町・赤羽根町）はよい狩場だった。後に野田村と赤羽根村との間に比留輪山争論が起こるが、その時の野田村の言い分《ぶん》では、かつて家康が巻狩をした時に比留輪山の下草・枝打ちの権利が野田村に認められたという。家康のお墨付きをたてに野田のものだと主張したのであるから、その当時は家康の認可状があったのだろうが、今は残っていない。比留輪山争論（第三章）の時に没収されたことも考えられる。

ともかく、家康が比留輪山で巻狩をしたことがあるはずであるが、その巻狩はいつ行われたのだろうか。『田原町史』の「比留輪山争論」の項では慶長八年（一六〇三）としているが、『大日本史料』では確認できない。『漫録田原藩★』では、慶長十五年の秀忠の巻狩の時に家康も一緒に来ていたと説明している。しかし、その年は秀忠が来たことも怪しい。『田原城主考』は比留輪山争論そのものには触れていないが、慶長十五年の秀忠の巻狩について、後に家康と伝え間違えられたとしている。家康が全国の支配者になってからだと巻狩も大規模になり、記録が残りやすい。家康の三河時代だと、規模が小さくてていねいな記録が残りにく

▼『漫録田原藩』金田温著。私家版。全六巻。平成二〜十年成立。田原藩の「萬留帳」や地方文書などを日付順に並べて現代語訳、注を付ける。一六六四年から一六九一年までを扱っている。

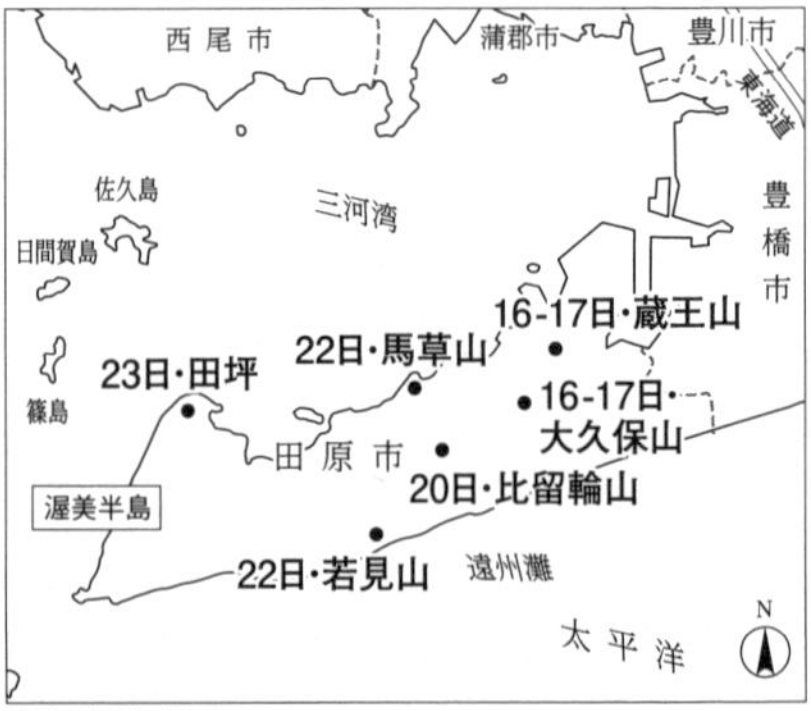

秀忠巻狩略図

い。そのように考えると、家康が比留輪へ来たのは、田原が家康領だった天正十年代の可能性が高いといえようか。

慶長十五年秀忠巻狩の怪

慶長十五年（一六一〇）の秀忠の巻狩については、前述のように多くの史料に載っている。しかも、その間に将軍近習の岡部八十郎と中川八兵衛の喧嘩があったが、彼らの郎党以外は喧嘩に加わらず規律が守られた、ということまで具体的に書いてある。したがって、それが行われたことは動かしがたい事実であるかのように思われるが、これにはたいへん大きな疑問がある。

『当代記』には、秀忠が江戸を発った二十日に「大雨」、翌二十一日「大雨、所々川水増」とあり、二十三日にも「大雨翌朝迄雨」とある。秀忠が江戸から駿府へ向かった頃は、各地で大雨が降り、川の水が増して、移動がたいへんだった。それでも困難をおして駿府へ行ったのは、駿府へ着いた二十四日の記事に「このごろ節々雨降るといえども、大御所の仰せにより、かくのごとし」とあるように、家康の仰せがあったので、それに従ったのだという。

そして、秀忠が駿府を出発したことになっている日から二日後、閏二月十二日、家康の娘市姫が幼くして亡くなった（『当代記』は十三日としているが、『大日本史

猪狩（旧藩士井上華陵筆／『田原市博物館所蔵』）

料』所収の『清涼寺★過去帳』その他の史料により十二日とした）。秀忠の妹である。秀忠が田原へ出かける時、すでに妹は危なかったのではないだろうか。いや、秀忠が江戸から駿府へ呼ばれたのも、妹の病気のためではないだろうか。それならば、巻狩などに出かけないであろう。仮に急死であったとしても、すぐには妹の死が伝わらないかもしれないが、田原で巻狩をしている間には伝わるはずである。

『光豊公記★』、『時慶卿記★』等によれば、当時朝廷では後陽成《ごようぜい》天皇譲位の準備が進められていたが、巻狩二日目の十七日には家康の使者が京都へ着き、娘の死を理由に譲位の延期を朝廷に奏請している。そして譲位は翌年に延期された。

朝廷の行事を変更させるほどだから、秀忠は予定を変えてすぐに戻るのが当然である。ところが、そうしていない。いや、秀忠に妹の死が伝わった形跡さえない。十日も滞在してゆうゆうと巻狩をしている。これはどういうことだろうか。

『佐竹文書』にある佐竹義宣《よしのぶ》★書状（閏二月六日）によれば、上方大名の過半がお召しによって駿府へ下ったが、義宣は「何たる御用に御座候哉、今に知り申さず」とあり、また、将軍は三河で鹿狩りということで、大勢率いて江戸を出かけたが、「今に三河へおいでなく、先駿河に御逗留」とある。秀忠が表向きは三河での鹿狩りのためとして江戸を発ちながら、実際には駿河に長くとどまっていることに、佐竹義宣は疑問を感じたようである。

この書状が六日付なので、その後、十日に駿府を発ったとすれば矛盾はないか

▼清涼寺
京都市右京区嵯峨にある浄土宗の寺。嵯峨釈迦堂の名で知られる。

▼『光豊公記』
公卿の勧修寺光豊（朝廷と幕府の関係融和に尽力した。一五七六～一六一二）の日記。

▼『時慶卿記』
公家・歌人・医者の西洞院時慶（日本初の活版印刷である慶長勅版に携わった。一五五二～一六四〇）の日記。

▼佐竹義宣
常陸の有力大名で領国は下野・陸奥にわたっていた。豊臣秀吉から本領安堵を受け、関ヶ原の戦いで西軍に味方したため出羽に移封、秋田藩二十万石の基礎を築いた。一五七〇～一六三三。

もしれないが、その次に載っている三月朔日《ついたち》付の佐竹義宣書状に、秀忠の狩りに関する記述がまったくない。秀忠が駿府にとどまっていることに対して、義宣は先に疑問を感じて書いたのだから、その後に秀忠が狩りに出かけたのなら、何か書きそうなものである。

巻狩の記事は、具体的で詳しい。これだけ嘘を作り出すことはないだろうから、秀忠の巻狩は確かに行われたはずである。ただ、この時期ではおかしい。単純な間違いというなら、そんなに多くの史料が同じ間違いはしないだろう。巻狩の記事が多くの史料にあるといっても、後に編纂されたものばかりである。『当代記』などの徳川氏側の記事や幕府が書かせた系図類である。これに対して家康の使者が譲位の延期を朝廷に奏請したことは、当日の公家の日記に見える。譲位の延期奏請の記事が正しいことは、歴然としているだろう。

証拠はないが、幕府の強制により、別の時期に行われた秀忠の巻狩が、何らかの理由で慶長十五年の項に入れられてしまったのではないだろうか。そうだとすると、なぜ時期を変えて書いたのだろうか。本当はいつなのだろうか。今後の研究課題である。

なお『常光寺年代記』★には慶長十五年三月から四月までとあり、『田原城主考』が引用する和地村の記録「大山記」には、「慶長十九甲寅春」とある。幕府の規制の外にあったと思われる地元の史料にも、食い違いがある。

常光寺

▼『常光寺年代記』
霊松山常光寺（田原市堀切町）発行。昭和三十六年。常光寺住持が当地方の記事を書き継いだものとみられる。常光寺は、応仁の乱を避けて都からやって来て、保美（田原市保美町）の霊山寺に入った大納言烏丸資任の開基。曹洞宗。

④ 藤田丸の風景と鯖のなます——戸田忠昌（忠治）、田原を去る

江戸時代、戸田氏の田原在住は三代六十年余であった。
三代目の忠昌は寛文四年（一六六四）田原を去って、肥後天草に移った。
忠治は転封加増を繰り返し、忠昌の子忠真の時、下野宇都宮藩主となる。

田原藩主戸田忠昌

田原藩三代戸田忠昌《ただまさ》は、田原藩二代戸田忠能《ただよし》の弟の忠次《ただつぐ》の嫡男として、寛永九年（一六三二）、田原に生まれた。幼名は入道という。なお、田原藩主の時代は忠《ただ》治《はる》を名乗っていたが、後に改めた忠昌の方が一般的なので、ここでは、忠昌で統一する。

寛永十六年、伯父で藩主の忠能は五十四歳になっていたが、男子に恵まれなかった。このままでは無嗣断絶となってしまうため、忠昌を養子とすることを幕府に願い出て、九月二十六日に許可がおりた。忠昌はまだ八歳だった。

正保元年（一六四四）、かねてより婚約中だった甲斐谷村《かいやむら》★（山梨県都留市）藩主秋《あき》元富朝《もととみとも》★の娘と婚礼の儀を済ませた。伝えによれば、この縁組は将軍徳川家綱《いえつな》★の命

▼谷村藩
居城が谷村（山梨県都留市）にあったので谷村藩といい、またその辺りは郡内地方と呼ばれていたので、郡内藩とも呼ばれる。

▼秋元富朝
甲斐谷村藩主一万八千石。一六一〇～五七。

▼徳川家綱
徳川四代将軍。家光の長男。十一歳で将軍となり、保科正之・酒井忠清ら重臣の補佐を受けた。在世中、学問の隆盛がみられた。一六四一～八〇。

によるもので、秋元家の一人娘を戸田家に遣わし、生まれた子どものうち、長男は秋元家を継がせ、次男に戸田家を相続させるべしとあったという。実際にそのようになった。しかし、正保元年は三代将軍家光《いえみつ》★の代であって、家綱はまだ四歳だったから、家綱の命というのは間違いだろう（『宇都宮城主戸田御家記』★による）。

正保四年正月三日、忠能が亡くなったため、同年八月二十一日、忠昌は十六歳で家督を継いで田原藩主となり、万治元年（一六五八）閏十二月二十七日、従五《じゅご》位下《いのげ》に叙され、伊賀《いが》守と称した。

田原から肥後天草へ

田原藩主戸田忠昌は、寛文四年（一六六四）五月十一日、幕命によって田原を去り、肥後国天草《あまくさ》（熊本県天草郡）に所替えとなった。この時、一万一千石加増されて二万一千石となった。『戸田御家記』によれば、船二艘、円亀丸（六〇挺立）、天神丸（五〇挺立）を拝領、及び銀四貫目拝借、天草下島のうち富岡《とみおか》（熊本県天草郡苓北町）に築城した。

赤羽根《あかばね》村（田原市赤羽根町）に伝わる記録「諸色書留《しょしきかきとめ》」によれば、戸田家六十余年の田原支配は、農民に情け深く、たいへん慕われていた。転封が報じられた時、忠昌は江戸にいたので、領内の庄屋たちが江戸へ出かけて行って、田原にとど

▼徳川家光
徳川三代将軍。秀忠の次男。在世中、諸法度・職制・兵制・参勤交代など、幕府諸藩の制度を整え、全国の専制的支配体制を固めた。一六〇四～五一。

▼『宇都宮城主戸田御家記』
戸田忠治（忠昌）から代々宇都宮戸田氏の事績がまとめられている。以下、『戸田御家記』と記す。

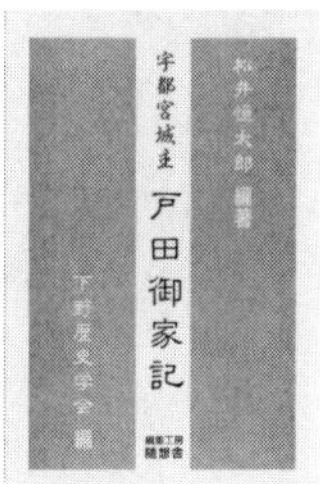

『宇都宮城主戸田御家記』

まってくれるようにと嘆願した。しかし、忠昌は庄屋たちに向かって、「これは御公儀（徳川幕府）の命令で所替わりをするのだから、お前たちが何と言っても、こればかりは聞き届けることはできない」と返事したという。

さらに、『田原城主考』によれば、忠昌は六月十三日に田原を出立した。

『田原城主考』には次のような逸話が記されている。

忠昌は天草への移封の命を受けた後、畠《はたけ》村（田原市福江町）へ行って、間宮権《まみやごん》入《にゅう》★（かつて家康に仕え、旗本だったが、当時は畠村に隠居していた）に尋ねた。「あなたは御使番だったから、大坂落城の始末をよく知っておられるでしょう。秀頼《ひでより》公は自殺ともいい、また薩摩へ落ち延びたともいう。その生死は本当はどうなんでしょうか」と。権入は答えた。「私はよく知っています。糒《ほしいい》矢倉《やぐら》の内から火を発して落城しました。秀頼公は自殺に疑いありません」と。それを聞くと、忠昌は、「心が落ち着いた」と言って帰った。

権入の近侍の者たちは、笑って言った。「忠昌公は他に問うこともあるだろうに、無益なことを言われるものだ」と。権入は戒めて言った。「お前たちのような者の知るところではない。このたびの人選によって西国の鎮守を命じられた方だ。もし秀頼公が生存しているならば、薩摩から戦いを起こすことも考えておかなければならない。秀頼公が亡くなっているのなら、兵火の憂えがなくなる。それで心が落ち着いた、と言われたのだ。忠昌公は賢い方だ」と賛美したという。

長興寺戸田家墓地

▼間宮権入
『田原町史』及び鬮目作司解読『田原城主考』では「権八」だが、栖了院にある墓の碑文及び尾張藩の『藩士名寄』によって改めた。俗名之等。徳川家康に仕え、一六一五年から四年間、畠・古田・亀山・日出・伊川津（いずれも田原市の西部）の五カ村を領する旗本であった。三十四歳で畠村に隠居。後にその子正等が尾張藩士となった。一五八六～一六六七。

ただし、忠昌の天草への移封は、大坂の役から五十年近く経っており、その間に天草では島原の乱★という大きな戦乱があったのに、秀頼は現れなかったことを考えると、いまさら秀頼の出現を心配するというのは、どんなものだろうか。『田原城主考』に載っているこの話は、後世の作り話と思われる。他面、忠昌の用心深い人柄を伝える話、といえるかもしれない。

『田原城主考』には、次のような話も載っている。

忠昌は、近侍の者に向かって言った。「この地（田原）を去るのが惜しいわけではないが、ただ藤田郭の風景と鯖《さば》のなますは名残《なごり》惜しい」と。藤田郭は、田原城から北に張り出した曲輪で、藤田丸ともいう。

忠昌の天草移封は、前述のように石高が倍増しており、左遷ではなく栄転だったことがわかる。しかし、これから先に待ち構えている運命はどのようなものかと考えると、胸中複雑な思いがあっただろう。領民に慕われたことは、移封にあたってよい思い出となったことだろう。

江戸城の火事

『戸田御家記』は、忠昌が江戸城半蔵門《はんぞうもん》★の守衛にあたっていた時の話を伝えている。江戸城中に火事があり、騒然となった。幕府の法として火事の際には諸門

▼島原の乱
寛永十四、十五年（一六三七、三八）肥前島原半島と肥後天草島の農民がキリシタン信者と結合して起こした大反乱。幕府は九州の諸大名らを動員して鎮圧した。

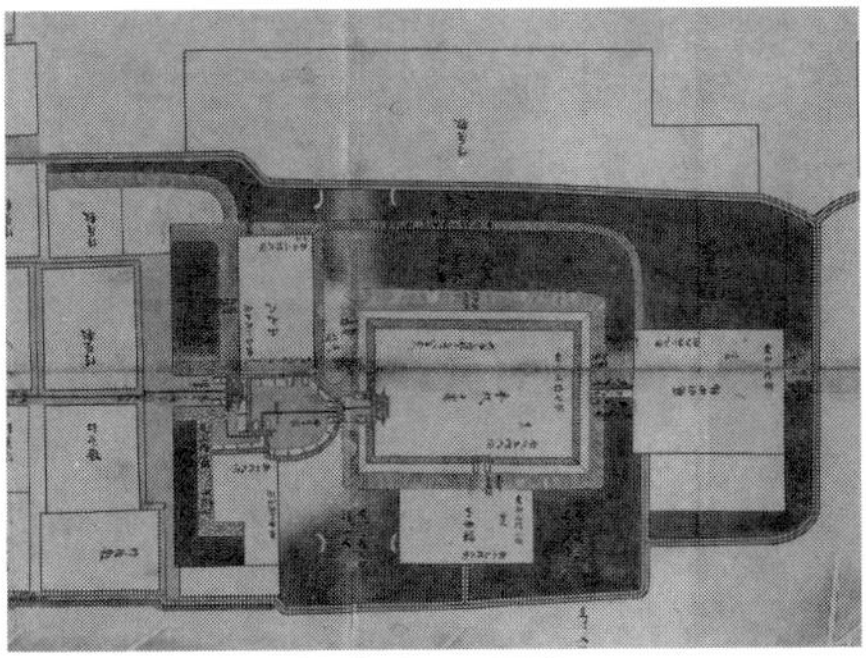
「正保城絵図」の城郭部分　田原城
（国立公文書館内閣文庫所蔵）

▼半蔵門
東京都千代田区麴町。江戸城西の門。門外に服部半蔵の屋敷があったことにちなむ。甲州街道への入り口にあたる。

を閉ざして、たとえ旗本や譜代の大名であっても入城を禁じた。この時、紀州侯★（徳川御三家の一つ。この時は徳川光貞《みつさだ》か）が平河町《ひらかわ》（東京都千代田区）の邸を出て半蔵門へやって来て、高らかに名乗って開門を迫った。しかし、忠昌は開門せず、紀州侯はやむなくそのまま帰った。ちょうどその時、大老★酒井忠清《さかいただきよ》★がその場にいて、忠昌が法を守って権門に屈しない意気を持ち、しかも非常時の装束を着用していたのを見て、感服したという。『戸田御家記』は、忠昌のこのような人柄がわずか一万石の小大名から七万一千石に栄達したゆえんだとしている。

『田原町史』では、この火災を寛文八年（一六六八）二月の江戸城大奥焼亡の火災と推定している。

度重なる転勤加増

忠昌は、城の修繕費が領民の負担になると思い、寛文十年（一六七〇）富岡城の三の丸を陣屋として残し、本丸と二の丸を破却した。徳川氏の全国支配が安定した平和な時代に城は必要ない、と考えたのだろうが、独断ではなく、幕府と連携して行ったと思われる。そして、天草は永久に幕府領とすべき土地である、と進言して認められたという。

寛文十一年六月二十五日、忠昌は奏者番《そうじゃばん》★並びに寺社奉行を仰せ付けられ、天

▼**紀州侯**
徳川御三家の一つ。この時は徳川光貞（藩主一六六七〜九八年）か。

▼**大老**
将軍を補佐する最高位の役。常置ではなく非常の時に老中の上位に置く。

▼**酒井忠清**
一六六六年から八一年まで大老。四代将軍徳川家綱を補佐して政治の実権を握り、大手前下馬札の前に屋敷を与えられたので下馬将軍といわれた。一六二四〜八一。

▼**奏者番**
年始、五節句、朔望などの式日に大名、僧侶などが将軍に謁見する時、進献の太刀、目録を披露し、将軍の下賜品を伝達し殿中の礼式を司り、諸大名の家に上使を務める役で、大名が任命された。

草から関東に移封となった。領地は、現在の神奈川県・茨城県・埼玉県に分散しており、城はなく、江戸に住んだ。忠昌が寺社奉行★をしていた時期に、田原藩を揺るがす大騒動となった比留輪山《ひるわやま》争論（第三章で扱う）が、評定所に持ち込まれた。

延宝四年（一六七六）四月三日、京都所司代《きょうとしょしだい》★を仰せ付けられ、一万石を加増、侍従《じじゅう》（本来は朝廷の官職だが、この場合は別枠の武家官職で、仕事はない）に任じられ、越前《えちぜん》守と改めた。知行地は畿内近辺各地に分散しており、石高は三万一千石。

同九年（＝天和元年、一六八一）七月十九日、一万石を加増された。同年十一月十五日、老中の一員となったが、引き続き京都にとどまって京都所司代を務めるよう仰せ付けられた。越前守という呼称は、筑前《ちくぜん》守（老中堀田筑前守正俊★がいた）と紛らわしいので、山城《やましろ》守と改めた。

翌天和二年（一六八二）正月二十一日、京都所司代を後任の稲葉正通《いなばまさみち》（正往ともいう）と交代し、二月四日、江戸へ帰った。そして、二月十五日、武蔵国岩槻《いわつき》（埼玉県岩槻市）に移封となり、一万石を加増され、五万一千石となる。

貞享元年（一六八四）九月二十九日、堀田正俊《ほったまさとし》が務めていた地方の御用をすべて忠昌が務めるよう命じられ（八月に大老堀田正俊が若年寄★稲葉正休《まさやす》★に刺殺されたため）、老中として多忙となった。同二年七月二十二日、嫡子戸田忠真《ただざね》が奏者番となる。同三年正月二十一日、忠昌は下総《しもうさ》国佐倉《さくら》（千葉県佐倉市）へ所替えされ、一万石加増されて六万一千石となる。

▼寺社奉行
将軍直属で、譜代大名より選任。寺院神社領、宗教関係の諸政及び関八州以外の訴状受理などを取り扱う役職。

▼京都所司代
朝廷の監察、京都町奉行などの統括、畿内周辺八カ国の幕領の訴訟、西国大名の監視などにあたる。老中に次ぐ要職。

▼堀田正俊
下総古河藩主。一六七九年老中。四代将軍徳川家綱死後、五代将軍綱吉の擁立に尽力。その功により一六八一年大老。一六三四〜八四。

▼若年寄
老中補佐の職。月番制で目付を支配し、旗本・御家人の監察を主要任務とした。

▼稲葉正休
美濃青野藩主。一六八二年若年寄。八四年八月、私怨から江戸城中で大老堀田正俊を刺殺、自分も殺された。一六四〇〜八四。

同四年五月十八日、嫡子忠真は寺社奉行を命じられ、新知行一万石となる。元禄七年（一六九四）四月二十一日、老中一同一万石ずつ加増されて、忠昌は七万一千石となった。一代で一万石から七万一千石に出世したのである。戦が終わって平和な時代に、これは珍しいことだろう。

死、後継

元禄十二年（一六九九）閏九月六日、忠昌の願いにより、三男忠章《ただあき》へ分知七千石が許可された。時の将軍徳川綱吉《つなよし》★は、その在職中大名の取り潰しを盛んに行ったため、戸田家が取り潰された場合に備えて、先祖の祭祀を行う家が残るように、との考えによるものと伝えられている。その四日後の閏九月十日、忠昌の病状は重篤になり、本所《ほんじょ》（東京都墨田区）上《かみ》屋敷★にて六十八歳で死去した。次男で嫡子の忠真が相続し、佐倉藩主となった。忠真は、その後、越後（新潟県）高田藩主を経て、下野《しもつけ》（栃木県）宇都宮藩主となる。

なお、長男は忠昌婚姻時の約束通り、外祖父の秋元家へ養子に入り、秋元喬朝《たかとも》と名乗り、一万八千石の甲斐谷村藩主となっていた。後に、武蔵国川越（埼玉県川越市）藩主六万石に栄転する。

▼徳川綱吉
五代将軍徳川綱吉。三代将軍家光の四男。初め堀田正俊を大老とし政務に励み、文治主義を取った。正俊の死後は実権を側用人の柳沢吉保にゆだねた。一六四六～一七〇九。

▼上屋敷
江戸時代、大名は江戸に宅地を与えられ屋敷を持ち、参勤していた。明暦の大火（一六五七年）後には下屋敷の下賜があり、大名は複数の屋敷を持つようになった。その場合、本邸を上屋敷という。

戸田家定紋
六つ星

これも田原

城下町田原

『田原町史』上巻には、文明十年（一四七八）前後、戸田宗光が田原に築城し、経営の必要から神戸の市場を田原城下に移し、商工業者が定着して田原城下に店舗を構えるようになって、城下町の形体が整えられたとある。『藩史大事典』は、築城の時期を文明十二年（一四八〇）頃としている。

正保年中（一六四四〜四八）に作成された「正保城絵図」、寛文六年（一六六六）から貞享四年（一六八七）までに描かれた「三河田原城下絵図」、天和元年（一六八一）から元禄元年（一六八八）の間に描かれた浅野文庫「諸国当城古城之図」、「文化五年（一八〇八）田原藩家中住宅図」を見比べると、城下町が次第に発展していったようすがよくわかる。

「文化五年（一八〇八）田原藩家中住宅図」では、侍屋敷は城郭の南側、西側と北側にある。町屋は、南の方に集中しているが、侍屋敷や寺社と混在している。城下町の最南端には、四つの寺が並んでいる。

侍屋敷は、城の近くには、知行取りの中でも取り高の大きい家臣の屋敷があった。周辺部に向かうにつれて、給米取りで取り高の少ない足軽屋敷の分布が多くなる。

田原は小さな城下町なので、横町・本町・萱町・新町等の町名はあるが、職業別の町名は最後までできなかった。

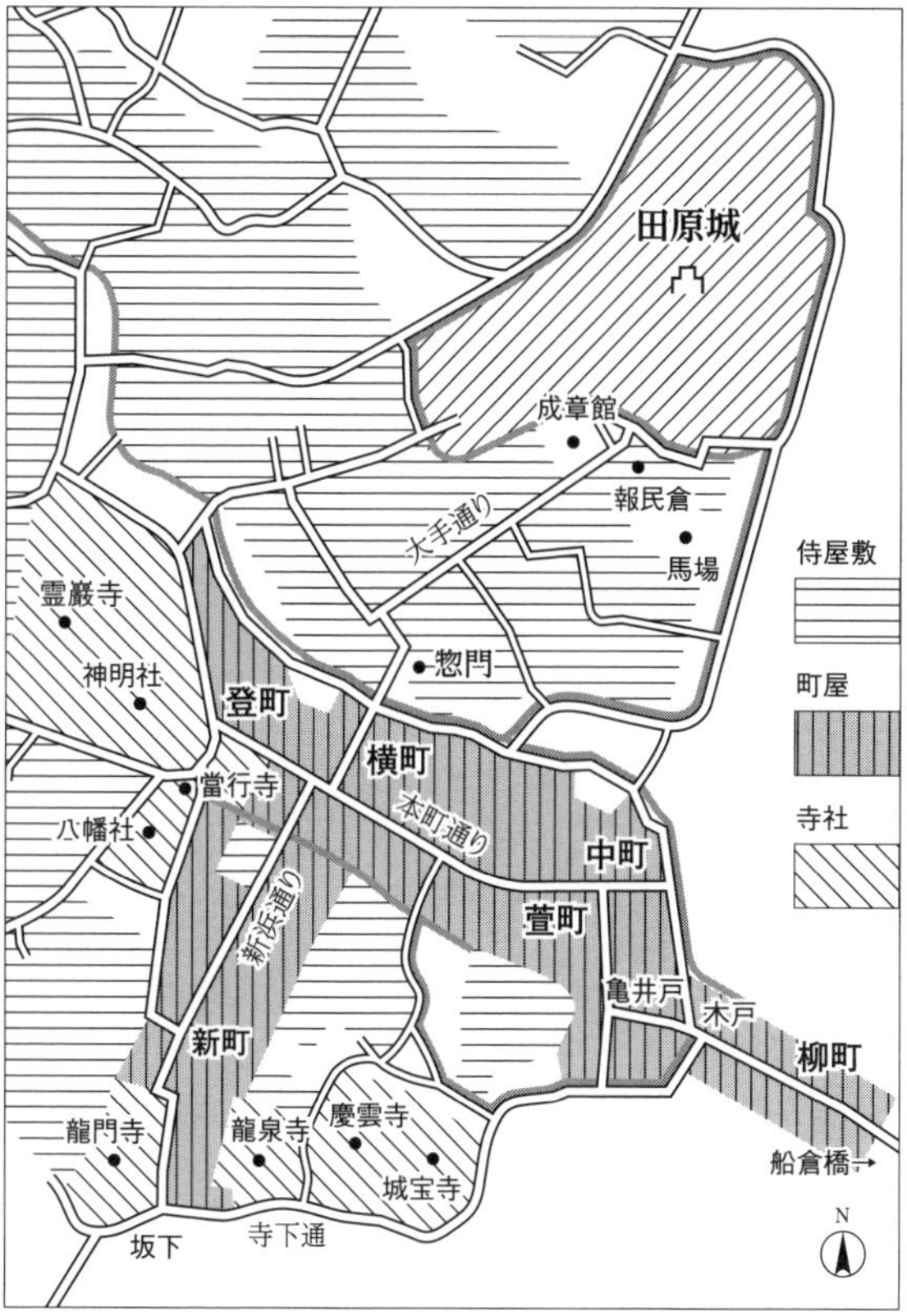

田原城下町図『渥美半島の城館』
（田原市教育委員会、平成24年）より

これも田原

参勤交代と歴史の道

「参勤交代と歴史の道」に関しては、『田原町史』上・中・下巻に分散して記載されている。それらによって、以下に記す。

田原城下から半島西部の村々への出口は、江戸時代は城下町の南西にある龍門寺と龍泉寺の間の地点で、そこには木戸（町の入り口にあたる門）が設けられていたという。現在、「田原城下町入り口」の説明板が立っている。船倉橋ができる以前は、東方へ行く場合の出口もここだった。

当初、海が田原城の東から城下町の南に湾入していた。かつて、城下町の南にある城宝寺古墳の墳丘上に「船つなぎ松」があったという。東方へ行くには南西から南へ回っていかなければならなかった。

参勤交代も、南西の木戸を出て、加治から神戸を回って、百々《どうどう》で表浜（太平洋岸）の道に出て、白須賀で東海道へ出ていた。吉田（豊橋）方面へ行く場合は、神戸から杉山へ向かった。

新田開発のため、田原湾の干拓が進められ、汐川に船倉橋が架橋された。ここまで船が入って来て物資を積み下ろしをしていたので、「船倉」の名前がある。『藩日記』に、「寛文十年（一六七〇）七月二十五日に釘《くぎ》初め、八月二十一日でき、二十二日に渡り初め」とある。

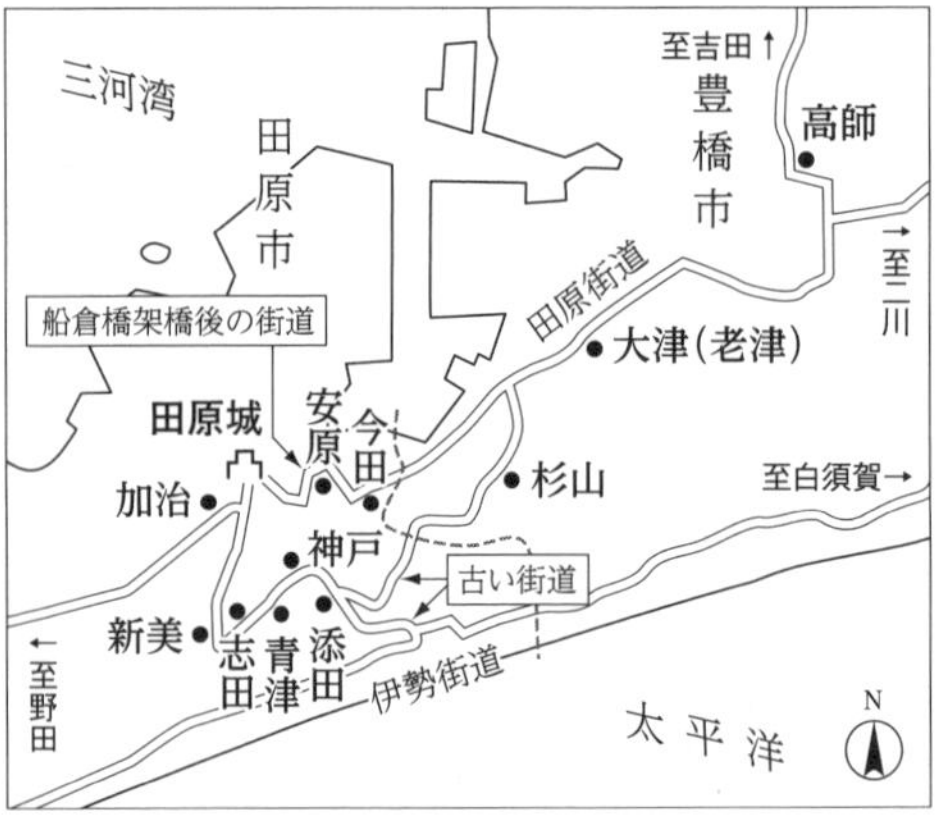

歴史の道略図

船倉橋ができると、城下町の東から現在の国道二五九号に近い田原街道を吉田方面へ行けるようになった。

渥美半島の川は三河湾へ流れ込んでおり、表浜の道は川を渡る苦労がなく、海岸沿いにまっすぐな道が続き、伊勢街道と呼ばれ、古来、伊勢と東国を結ぶ重要な街道だった。しかし、太平洋岸は年々波浪によって浸食され、街道は高地へと変更され、坂道を生じ、不便になっていった。

特に、宝永四年（一七〇七）の大地震で海岸沿いの村落が流失し、街道の損壊も大きかった。

参勤交代の場合、『藩日記』に貞享元年（一六八四）に江戸から帰るにあたって「吉田領百々村道なと作り」とあり、船倉橋ができてからも表浜を通って白須賀で東海道へ出ていたことがわかるが、宝永以降は、船倉から汐川の堤防を通って今田村（豊島）へ行き、大津（老津）・高師経由で二川へ出るようになった。

第二章 江戸前期の財政難と災害

慢性的な財政難と自然災害対策。

蔵王山頂から南西方面を遠望

1 三宅氏の田原移封

戸田氏に代わって田原へやって来たのが、三宅氏である。

三宅氏も三河国出身の譜代大名であるが、それまで田原とは縁がなかった。

三宅氏の田原藩は、早くから財政難に苦しみ、災害が起こり、村と村の争いが表面化し、多難であった。

三宅康勝、田原藩主となる

戦国時代、三宅氏は三河国加茂《かも》郡梅ヶ坪《うめがつぼ》（愛知県豊田市）を領していた。政貞の時に、嫡子惣右衛門と共に徳川家康に仕えた。惣右衛門は、家康から諱《いみな》の一字を与えられて、康貞と名乗った。以後、三宅家の当主は代々、名に「康」の字を用いた。

康貞は、天正十八年（一五九〇）、家康の関東移封と共に、武蔵国幡羅郡三ヶ尻村（埼玉県熊谷市）において五千石の領地を賜った。慶長五年（一六〇〇）関ヶ原の戦いには横須賀城（静岡県掛川市）を守り、戦後、伊勢国亀山（三重県亀山市）の城番を務め、同九年、加茂郡挙母《ころも》（本拠梅ヶ坪を含む、豊田市）に移され、五千石加増されて、一万石の大名となった。

横須賀城

その子康信は、元和五年（一六一九）、伊勢国亀山に移封、同六年に二千石を加増され、一万二千石となった。

その子康盛は寛永十三年（一六三六）、先祖の地挙母に戻った。

その子康勝は、明暦四年（一六五八）、父の遺領を継ぎ、寛文四年（一六六四）、戸田氏の天草移封に伴い、田原へ移封となった。戸田氏が移封に伴って石高を増していったのに対し、三宅氏は、挙母の時代の一万二千石のままだった。

田原藩領は、戸田氏の時代は石高一万石だったので、三宅氏になって、二千石分の領地が拡大した。

藩主家の交代は一回だけで、以後、三宅氏が代々田原藩主として明治維新を迎えた。

三宅家定紋
三宅輪宝

三宅氏（田原藩主）系図

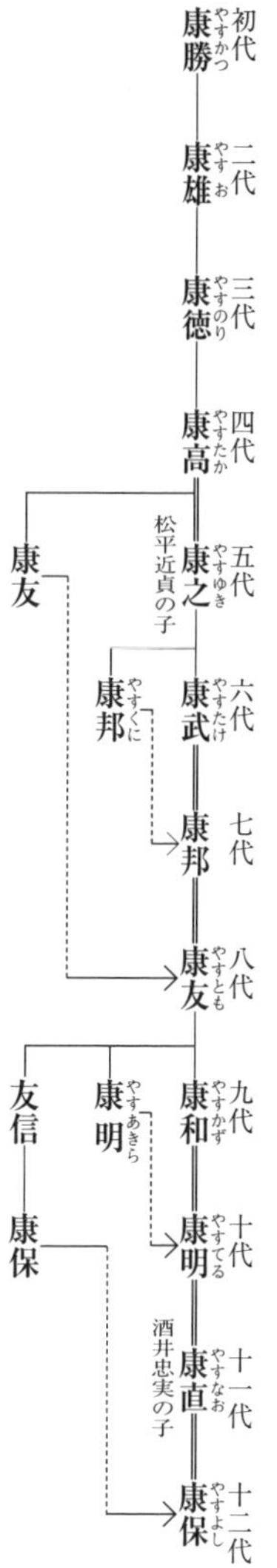

江戸の屋敷（藩邸）

江戸時代、諸大名の妻子は江戸屋敷（藩邸）に住み、大名は一年おきに江戸と国元を往来させられていた。江戸屋敷のうち、大名の本邸を上屋敷といい、他に中屋敷や下屋敷があった。

田原藩三宅家の上屋敷は、当初は下谷《したや》（東京都台東区）にあり、延享三年（一七四六）に芝愛宕下《しばあたごした》（港区）に移り、さらに宝暦十二年（一七六二）には麴町《こうじまち》半蔵門外（千代田区）に移った。田原藩邸としては麴町のものが一番有名で、三宅坂の地名が生まれた。麴町の上屋敷跡には現在、最高裁判所がある。

中屋敷は四ツ谷代々木村（詳細は不明）に、下屋敷は小石川氷川台《こいしかわひかわだい》（文京区）と本所横網《ほんじょよこあみ》（墨田区）にあり、江戸時代末期には本所四ツ目横川端《ほんじょよっつめよこかわばた》（墨田区）にも下屋敷ができた。小さな藩にしては、江戸の屋敷が多かった。

明治時代、版籍奉還に伴い、五つの藩邸をすべて新政府に返上したが、小石川氷川台の下屋敷のみ三宅家の住居として下賜された。

田原藩領地図

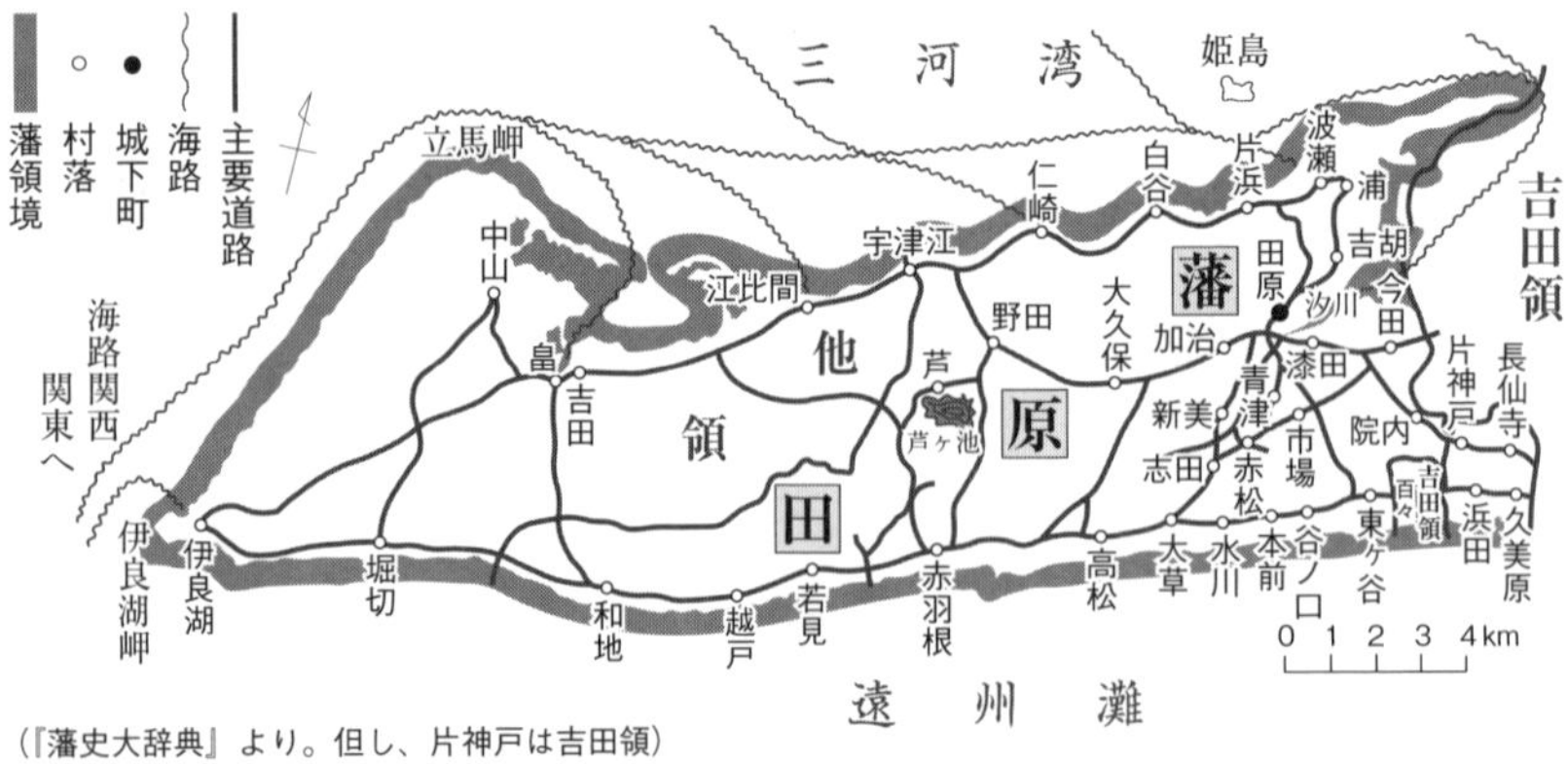

（『藩史大辞典』より。但し、片神戸は吉田領）

藩の職制の大綱

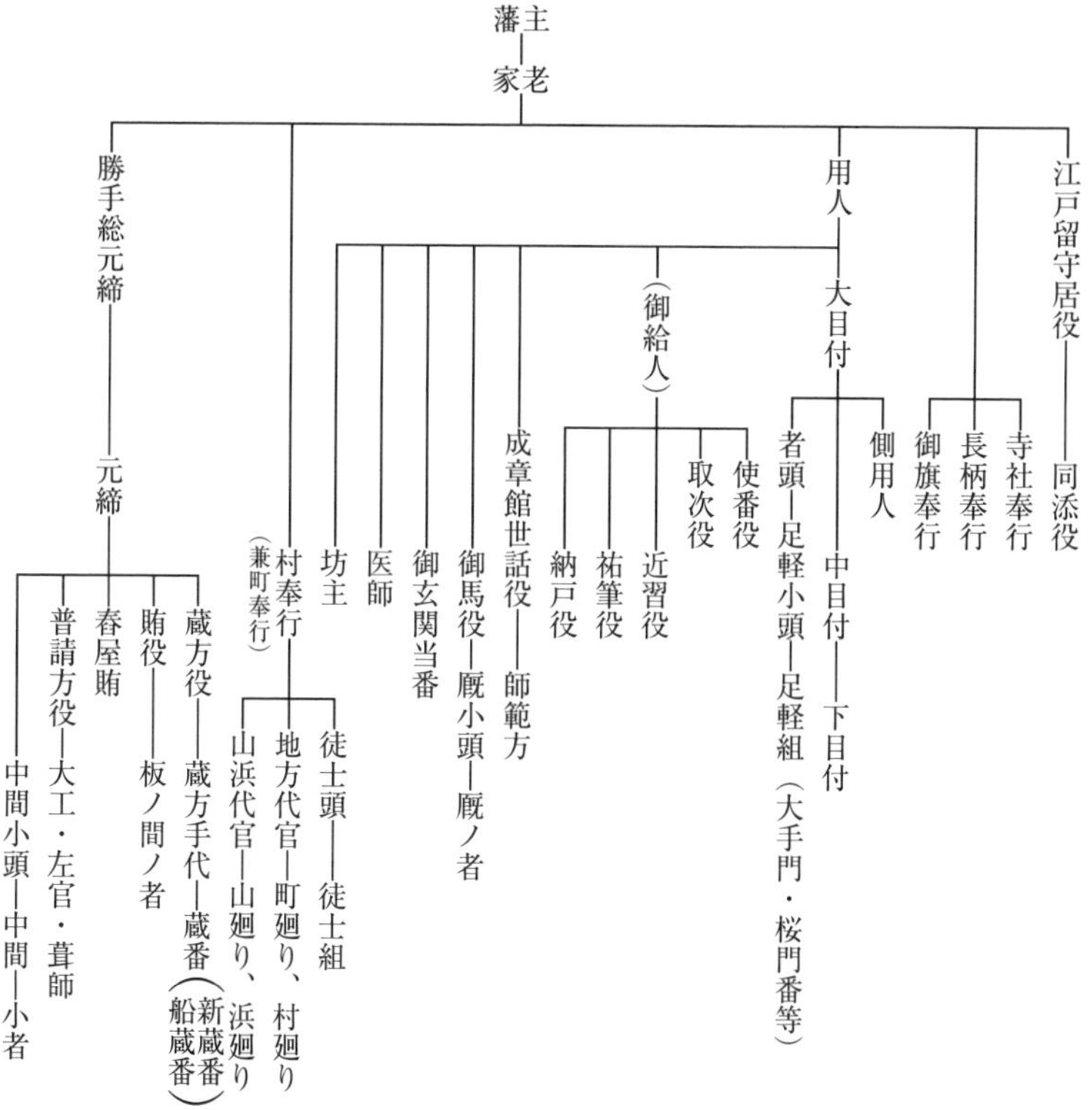

『藩史大辞典』第4巻　雄山閣出版　一九八九年／出典（『天保八年家中分限帳』『天保年間御用方日記』）

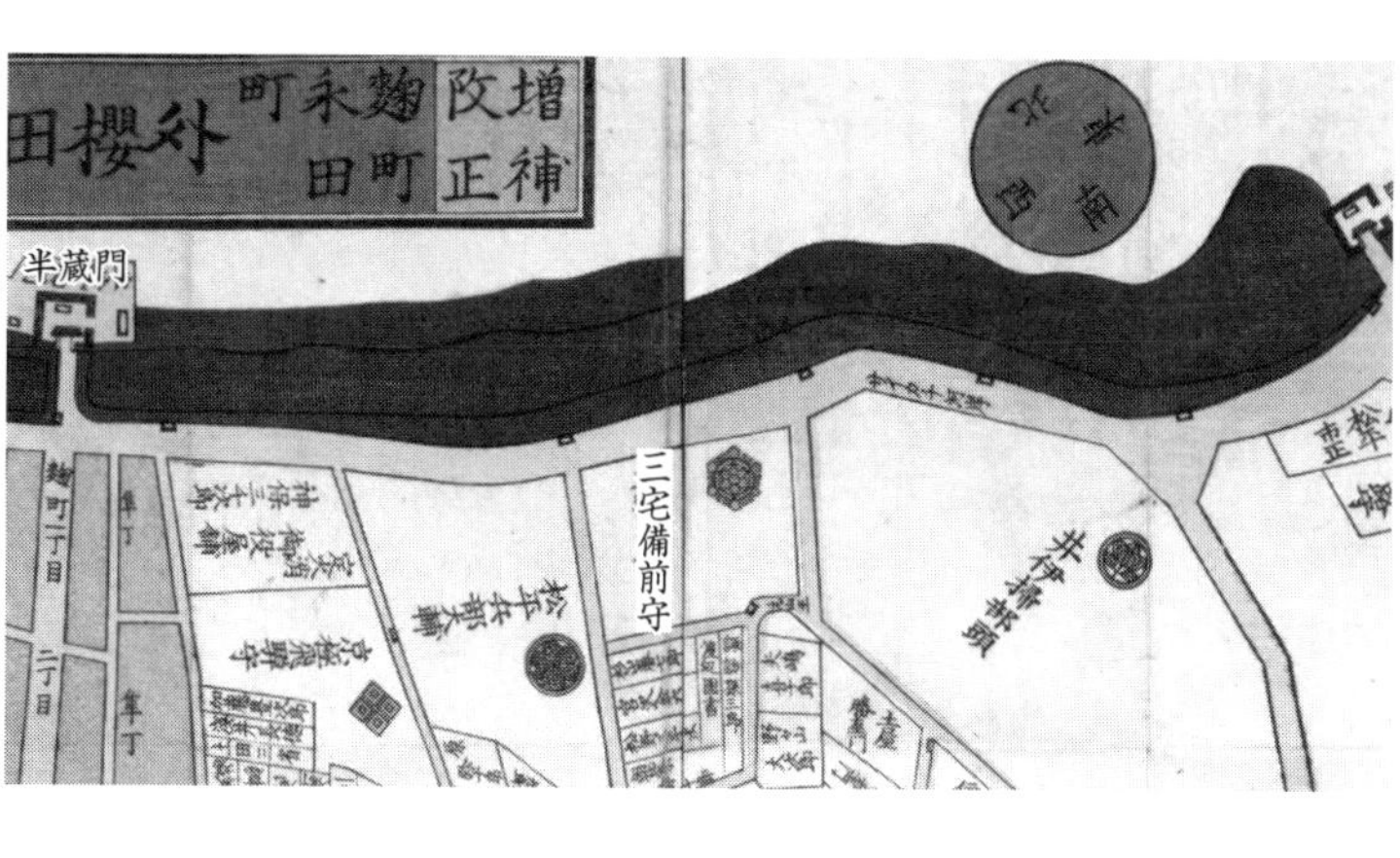

三宅家藩邸のある江戸切絵図
『嘉永慶応江戸切絵図』（国立国会図書館蔵）。

②財政難に苦しむ

田原藩の財政難による借金の記事は、早くも十七世紀のうちからいくつも見られる。十八世紀になると、さらに深刻になる。どこからどのように借金したのだろうか。藩士や領民にどのような影響が及んだのだろうか。

最初の借金

田原藩は、慢性的に財政難に苦しんだ。主な理由は、石高が一万二千石にすぎないのに、三河国出身の譜代大名ということで格式が高く、十万石級の付き合いや世間体を余儀なくされていたためである。

また、藩士が三〇〇人を超しており、石高に比して藩士の人数が多すぎる。領民から税をたくさん取ろうとしたが、それには限度があった。『田原藩日記★』『漫録田原藩』により、田原藩が財政難に苦しむようすを探ってみよう。

三宅氏が田原へ入って九年目の寛文十二年（一六七二）、早くも財政難に直面した。この年十二月五日、藩主三宅康勝《やすかつ》の妹にあたる清興院《せいこういん》（寄合役内藤忠吉の室）から金子《きんす》二〇〇両を借用した。この時の借用書には、利息については、「年々借

▼『田原藩日記』
三宅氏時代の田原藩の記録。寛文十年（一六七〇）の『萬覚書』から始まり、年ごとにまとめられており、年次によって『萬留帳』『御用方日記』『御玄関置帳』『御祐筆部屋日記』等が収められている。昭和六十二年、田原町文化財保護審議会の編集による活字本第一巻が出版され、十一巻まで刊行中。

候て一割利金」とあり、国元の家老・郡奉行《こおりぶぎょう》（村奉行ともいう。郷村の庶務・徴税などを統括する）計五人が連判した。

次に延宝五年（一六七七）閏十二月六日、田原の商人から四〇〇両借りた記事がある。利息は月平均一割半と決め、納戸役《なんどやく》（諸道具の管理と会計勘定の実務にあたる）、地方代官《じかただいかん》（郡奉行の配下で、町・郷村の庶務・徴税を行う）、郡奉行ら四人が連判した。『藩日記』によれば、田原藩が田原商人から借金した最初である。

広く借金

天和元年（一六八一）は不作で、年貢未納米が一〇〇〇俵を超え、藩財政を直撃した。

十二月六日、月の当番の家老の家で、殿様が駿河国田中城受け取り役★と大名火消し役★の両役儀に就任するため、御用金賦課★についての相談があった。この席で郡奉行永田安左衛門《ながたやすざえもん》は、田原町人の鳥居善兵衛が工面して二〇〇両、田原惣町で三〇〇両、合計五〇〇両調達できるだろうと家老たちに説明した。田原藩はその通りに十三日に借用し、借金証文を書いた。利息は、月平等一割半とある。

同十四日の記事によれば、十三日に江戸の藩邸から、大坂で御用金二五〇〇両を調達せよ、という便りがあった。しかし、御城受け取り役の話は立ち消えにな

▼駿河国田中城受け取り役
田中（藤枝市田中）城主酒井忠能を改易するので、その城を受け取りに行く役。忠能の兄忠清は、将軍家綱の時代に老中、大老に就任し権勢をほしいままにしたが、五代将軍綱吉に退けられた。忠能は「遠慮伺い」を出すべきなのに、それをしなかったなどの理由で改易になった。

▼大名火消し役
江戸の消防組織の一つで幕府の大名への課役の一つ。出火に際して江戸の藩邸から火消しを出す。

▼御用金賦課
財政窮乏を補うため御用商人らに課した臨時・不定期の課金。ここでは、役儀就任に際して、「役儀御礼」として、上司大名への手土産が必要なので、臨時出費がある。

り、大坂商人からの借金は必要なくなった

同十六日の記事には、隼人様《はやと》★から四両二分拝借するとある。隼人様とは藩主三宅康勝の祖父康信《やすのぶ》の弟三宅康政《やすまさ》である。また同日、地元の町で新たに三〇〇両の御用金を用立てようとしたが、調達できなかった。

同十八日の記事では、長仙寺《ちょうせんじ》★（田原市六連町《むつれ》）に御用金の算段に行ったが、長仙寺は財政逼迫に悩んでおり、御用金賦課どころか、反対に窮乏を訴えられた。その結果、城の蔵から麦三俵を貸す、という始末になった。吉田藩領の東観音寺《とうかんのんじ》★（豊橋市小松原町《こまつばら》）にも御用金の算段に行ったけれど、不調に終わった。

同十九日、普請方《ふしんかた》（土木・建築を管轄する部署）の年末決算に四八両入用だったが、納戸方《なんどかた》（金銭の管理をする部署。勘定方）には金がないので、山方《やまかた》（山林を管理する部署）の賄《まかない》から借りることになった。同日、於松《おまつ》（雲晴院）様に六〇〇両拝借することになった。於松様は、三宅康勝の娘で、太田資良《すけよし》★（浜松藩太田氏初代資宗《すけむね》の三男で旗本）の室である。

同二十一日には駒込様《こまごめ》（駒込に住む三宅氏一族かと思われるが、不詳）から一〇両拝借することになった。それでもなお足りないという。

同二十三日には、「今年も足軽組から借金する。一組で四両ずつ、足軽三組で一二両取り上げた」とある。「今年も」ということは、これまでも足軽組から借金していたことを物語っている。

▼隼人様
土佐守康勝の祖父康信の弟、内蔵助康政。

▼長仙寺
田原市六連町にある真言宗の寺。

▼東観音寺
豊橋市小松原町にある臨済宗の寺。

▼太田資良
浜松藩初代藩主太田資宗の三男で、旗本。官位は従五位下、隠岐守。延宝六年（一六七八）に、所領が遠江国豊田郡、長上郡、周智郡五千石となった。後に、信濃国伊那郡五千石に替地される。

二十七日には江戸から飛脚があり、殿様が大名火消しに仰せ付けられたとのお知らせがあった。用人（家老の次に位し、藩務・会計・一般の事務を統括する）村松《むらまつ》清左衛門《せいざえもん》方で話し合って、支度御用金一〇〇両は山林と漁業管理の会計から出し、江戸へ送った。中間《ちゅうげん》一二人を新たに抱えるなどの体制も整えた。

さらに、天和二年（一六八二）二月十七日、高松・赤羽根・谷ノ口《やのくち》・浜田《はまだ》の表浜四カ村から一四〇〇両を借用している。

返済に苦しむ

天和二年（一六八二）十一月二日の記事に、昨年暮れ田原町人鳥居善兵衛が仲介した御用金二〇〇両の借金の返済のめどが立たないとある。

同十九日の記事によれば、善兵衛の仲介した御用金の出所は他領の野依《のより》村（吉田藩領）だから、元金二〇〇両と利息を添えて返した方がよいということになり、同二十三日に借金二〇〇両、利息金三〇両、合計二三〇両を返済したという。

同十二月七日には、於松様からの拝借金について、「この暮れから追加して拝借するものだ」と、郡奉行が勝手元締（藩の財政処理などを司る役）清六郎方へ伝え、借金が増えたことを示している。

同二十五日には、城で御両所様（駒込様と隼人様か）、於松様からの拝借金手形に、家老全員が捺印して処理を済ませた、とある。また借金したのである。

同二十九日、町年寄★たちを郡奉行石川武《いしかわたけ》右《え》衛門《もん》方に集め、借金を返せないことを弁解した。「借金した御用金の利息さえ二年も滞っている。利息だけでも返済したかったが、どうにもならないので承知してくれ」と申し入れ、理解を得た。

翌天和三年閏五月二十三日、田原の町人から金一二〇両を借金し、地方代官鈴《すず》木《き》八《はち》太夫《だゆう》が御城へ持参すると、郡奉行石川武右衛門は、八太夫に「利息金を明記して証文手形を追って出してやれ」と言い渡した。家老たちからも田原の町人に礼状を出した。

地方代官八太夫が、田原城下町庄屋の長三郎《ちょうざぶろう》を呼び、「今度借金した御用金の利息金を全額支払うわけにはいかない。このことを仲間《なかま》に伝えよ」と言って帰した。しかし、長三郎が帰ってきて八太夫に、「町人たちは少しでも早く利息を払ってほしいと言っている」と言う。八太夫は、六月十七日、そのことを郡奉行石川武右衛門に伝えた。武右衛門は、家老たちの許可を得て、「当暮れの御物成★（年貢米）で早々元利ともに返済する」と借用書に明記した。

九月二十四日には、若殿様（後の二代藩主三宅康雄《やすお》）の奥様の出産★前のため、十月中に金二〇〇両を工面するように、と江戸詰家老から知らせがあった。田原の町人には以前の借金を返さないで再度借金をしたので、これ以上借金できず、新田金★（藩有地新田の賃貸料金）から二〇〇両を確保しようということになった。

▼**町年寄**
町人の職で、町役人となってその町を管理する役。

▼**物成**
収穫のうちから納める年貢のこと。小物成（雑税）に対して本途物成（地租）を指していった。

▼**出産**
後の三代藩主康徳。十月二十四日出生。

▼**新田金**
藩有地を開墾した新田は、賃貸料が金納であった。したがって、新田金とは、藩有地新田の賃貸料金のこと。

返済への努力

天和三年（一六八三）十月二十八日、田原藩は干鰯《ほしか》（イワシを乾燥させて作った肥料で、その販売収益に対して税を取っていた）代金を町人からの借金返済にあてることにし、翌日、この年の借金一二〇両を元利共に返済した。しかし、一昨年の借金は未払いのままである。

十一月二日、若殿様の奥様出産御用金二〇〇両のうち、一〇〇両は藩財政から捻出できて十月二日に江戸へ送ったが、残り一〇〇両については町人たちに年貢米を先物買いさせて金をつくる算段にした。

十一月十日、地方代官鈴木八太夫が郡奉行石川武右衛門に、「田原町人たちが御用金を申し付けられた際、小身★の者には借金して上納している者もいるので、藩から借金の返済が遅れると、生活に窮し、裁判沙汰になるかもしれない。今年の暮れには必ず御用金を元利ともに返済してほしい」という話を伝えた。

同二十日、郡奉行石川武右衛門が月の当番★家老丹羽豊右衛門《にわぶえもん》に、田原町人からの御用金返済催促について知らせたところ、豊右衛門は、「このことは江戸へも知らせる」と返答した。

同三十日、城下町の年寄★たちが全員で郡奉行の所へ来て、金を年内に返済する

▼小身
身分の低いこと。

▼月の当番
月番。幕府・諸藩における役職の勤務法の一つ。一月交代で勤務する方法。同一職の者が複数いて、一人が月番として任にあたり他は非番。大事は合議制をとった。

▼年寄
町年寄など町人身分の町役人。老人一般の呼称ではない。

よう嘆願したので、石川武右衛門が、「そのことに頭を痛めているが、手持ちの現金がない。家老たちと相談して財源を探す」と返答した。こうした国元の借金返済不能の実情を江戸の田原藩邸には知らせていたのに、次の指令が来た。

十二月十日、月の当番家老富岡《とみおか》六郎左衛門が郡奉行石川武右衛門に「江戸屋敷から、買い物に多額の金がいるので、御用金五〇〇両を至急送れ、と言ってきた。早速、明日送れ。この五〇〇両は来春、麦・干鰯の代金の中から埋め合わせよ」と通達した。買い物とは、幕閣の役職につくための運動費（賄賂工作費）だった。

同十五日、田原町人からの借用金利息は三年分で六〇〇両になっていたが、半分の三〇〇両を、在々（表浜四カ村）の借用金利息も二年で二八〇両になっていたが、これも半分の一四〇両を、合計四四〇両の利息金返済を決め、郡奉行石川武右衛門が、この決定を代官、勝手元締に伝えた。翌日、返済を済ませると、町人たちがお礼に来た。

しかし、借金がかた付いたわけではなく、利息の半分を返済したにすぎない。元利合計すると、田原町人への借金が六〇〇両、表浜四カ村への借金が二八〇両残っており、それに御両所様や於松様からの借金もあるのだ。

貞享二年（一六八五）十二月の記事に、町人からの借金利息を、年貢として徴収して城にある米三〇〇俵で返済するとあり、翌三年二月一日の記事には、御城にて田原町人に米を返すにあたって、たくさん返す者にはそのうち三分の一を餅《もち》米《ごめ》で渡すことにしたとある。

十七世紀の段階で、これほど借金をしていた藩は珍しいのではないだろうか。それでも、ここまでのところ借金の相手は、藩主の近親者と田原の町人及び郷村の有力者が大半である。他領の村の有力者が一人いたが、これは意識的に早く返済した。領内の者へは数年かかったが、一応返済することができた。

慢性的借金へ

元禄八年（一六九五）七月二十四日、京都の商人より七〇〇両借用し、十一月十八日にさらに三〇〇両借用する。翌年七月二日、京都の商人へ返済金の話をつけ、さらに借金を追加した。以後、京都の商人からたびたび借金している。

元禄十七年二月三日、前年火災にあった江戸の上屋敷再建のため、町内の庄屋・年寄へ千両の借金を申し渡し、五月に借り入れた。「お願いします」ではない。「文句を言わずに差し出せ」、というわけである。

宝永二年（一七〇五）六月十三日、京都商人への返済金の不足につき、金七四三両の借金を町郷村へ申し付ける。これも有無を言わせない。ただし、郷村へは月一分半の利息で三カ月分の利息を八月十二日に払うと記している。

翌三年、藩財政が苦しいため、家臣の給与からの引米《ひきまい》★（借上《かりあげ》、借知《しゃくち》ともいう。給

▼引米
藩の財政が困難なため、藩士の俸給から天引きして減額すること。田原藩では、この年から行われた。

与の高により、一割一分から二分減額して支給する）を指令している。後年、減額の率が次第に高くなる。

十八世紀の田原藩の借金先は、多方面にわたっている。領内の町人・有力者、京都の商人らに加えて、尾張・伊勢・挙母《ころも》（愛知県豊田市《とよた》）・大坂・御馬村《おんま》（愛知県豊川市御津町《みと》）・遠江《とおとうみ》（静岡県）・江戸などの商人・有力者から借り、さらに駿府《すんぷ》公金（駿河・遠江・三河の幕府領を管轄する島田陣屋の代官が徴収した年貢を貯え、諸大名などへ公金の貸付けを行った）、東海道の宿駅白須賀《しらすか》宿（静岡県湖西市）の伝馬★助成金、紀州藩の貯蔵金、幕府の金座の長官後藤庄三郎《ごとうしょうざぶろう》からも借りている。

寛保元年（一七四一）三月二日、田原町人の広中六太夫《ひろなかろくだゆう》が田原藩のために尾張藩領の商人田島屋より金千両借用する。同二年二月二十八日、田原町人佐右衛門の努力により御馬村の有力者久右衛門（詳細は不明）から借金している。このように藩のために協力したり、求めに応じて御用金を出したりする者は、城中に呼んで饗応している。

一方で、協力に応じられない者には厳しく対処した。宝暦十二年（一七六二）九月十日、駿府公金返済のため、御用金三三〇両を領内の七人の百姓★に割り振り、二十五日までに用立てるようにと無理やり申し付けた。割付額は、一人あたり三〇両から一〇〇両までというたいへんな金額だったので、十月一日の記事によれば、金を用意できないので何とかしてほしい、という願いを出したようだ。代官

▼伝馬
幕府は、全国支配のために五街道に宿駅を設け、幕府の物資輸送と役人往来のための人馬を提供する伝馬役を課した。伝馬利用は、将軍の朱印状と老中らの証文によるものは無賃であったが、この他の伝馬使役は賃銭払いだった。

▼七人の百姓

上野田村	清太夫	三〇両
高松村	六郎左衛門	七〇両
越戸村	西右衛門	一〇〇両
野田村	金五郎	五〇両
同村	彦助	三〇両
同村	甚次郎・甚十郎	五〇両

計三三〇両。

西右衛門以下五人は、「庄屋召連罷出ル」とあるので、当人はその時庄屋ではないが、村の有力者。

が奉行に伝えたが、聞き届けられなかった。それどころか、先月申し付けた百姓に、明後三日には金高相違なく持参せよと、改めて代官が触れを出した。

期限の三日に、七人のうち五人は指定の額を完納したが、二人は指定の金額に達しなかった。高松村庄屋六郎左衛門は割付額七〇両のところ四〇両を、越戸《おっと》村の有力者西右衛門は一〇〇両のところ五〇両を差し出しただけだった。二人は「不埒千万《ふらちせんばん》ニ候」として閉門（家の門を閉じて、窓をふさぐ）を仰せ付けられた。このようなひどい取り立てをする藩の方こそ、「不埒千万」ではなかろうか。

財政再建策と藩士の困苦

困苦を強いられたのは、領民だけではない。藩に仕える武士たちもまた、困苦な生活を強いられていた。藩士の給与からの引米はすでに宝永三年（一七〇六）から始まっていたが、宝暦五年（一七五五）に第五代藩主となった三宅康之《やすゆき》の時代に財政難はいっそう厳しくなり、藩士の生活もより厳しくなっていった。

宝暦十一年九月二十四日、田原藩は財政立て直しのため、江戸で井出多介《いでたすけ》を破格で召し抱え、家臣一同に倹約令を出した。多介は、駿河国（静岡県）出身の武士で、幕府の書院番頭《しょいんばん★がしら》（親衛隊長）を務める旗本稲葉《いなば》氏に仕え、財政を担当して功績があった。十一月九日、多介は田原へ来て、翌日、家老・用人たちの列座

▼書院番
江戸城の警衛、将軍の出行・市中巡回の随従などが主務。慶長十年（一六〇五）、四組を置き、後に一〇組程度に増員。各組に、番頭・組頭各一人、組衆五〇人、与力一〇人、同心二〇人を置いた。

したところで任命の申し渡しがあり、二十九日までに領内の村々を回り、庄屋たちと面談し、年貢米の収納等すべて多介の指示に従うという証文を取り交わしたが、思うようにいかなかったようで、年末には役目を放棄して退散してしまった。

明和四年（一七六七）九月三日、田原藩は江戸で吉田彦右衛門（詳細は不明）と町人の水戸屋文右衛門両人を召し抱え、藩経済のやりくりを任せ、七カ年の厳倹方針を指令した。引米《ひきまい》（給与の天引きによる減額支給）については、すでに宝暦十二年から最高が七割引きになっており、その率が維持された。

このように俸禄からの引米は増えていき、手当も減らされた。その上、倹約令が出され、生活が細部にわたって規制された（倹約令が出なくとも、贅沢をするような持ち金はなかったが）。いっそのこと武士身分を捨てて、百姓町人になってしまう方がいい、と考える者も現れたのではなかろうか。

明和二年五月二十日、田原藩は藩士が領内百姓の養子になることの禁止令を再確認した。「ただし、身分の軽い者は考慮する」と添え書きされているから、一部の下級藩士には許されたのであろう。

その反面、安永四年（一七七五）十一月七日、田原藩は藩士たちに対して、「たいへんな難儀を強いているから、家宅不修理、服装見苦しく、供廻り省略するのは構わない。しかし、百姓町人に対して卑屈にならないように」とも指令していた。貧窮した中・下級藩士たちの胸中が思いやられるといえよう。

③ 害獣駆除か動物愛護か――動物による被害とその対策

野生動物による農作物の被害に、農民は悩まされてきた。それに対して、藩はどんな対策をとったのだろうか。『藩日記』にいくつかの記事が掲載されている。藩では、幕府の意向を窺いながら農民に指示を出していたのである。

農作物への被害

将軍の家康や秀忠が実施した巻狩でもわかるように、渥美半島には野生動物が多く生息していた。そのため、動物による農作物の被害が多かった。

あとから編纂されたものであるが、寛永七年（一六三〇）に作物を鹿から守るために越戸《おっと》村（田原市越戸町）からの願い出によって、越戸村と和地村の境の大《おお》山《やま》★のうちに石垣を築いた、と記した史料がある（「宝暦四年三月和地《わじ》村よりの口上書写」★）。具体的な被害状況はわからないが、古くから被害があったことはわかる。

次に、『藩日記』の寛文《かんぶん》十年（一六七〇）二月十日の条に、山畑の青麦へ鹿や猪が入って荒らすので、郡奉行が「夜中に鉄砲を撃ってよろしいでしょうか」と、お城で家老たちに尋ねているが、その後どうなったのかわからない。鉄砲を撃つ

▼大山
越戸村（田原市越戸町）と和地村（田原市和地町）の境に位置する山。標高三二八メートルで、渥美半島一。

▼「宝暦四年三月和地村よりの口上書写」
和地村と越戸村の大山をめぐる争論の史料の一つで、宝暦五年（一七五五）に越戸村で写された。『赤羽根の古文書　近世史料編』所収。

には許可が必要だったのだ。

寛文十三年二月三日、「吉良《きら》御鷹場★（幡豆郡吉良、愛知県西尾市）その他御領・私領において、鉄砲でひそかに鶴・白鶴・雁・鴨などを撃っているという噂がある。犯人を見つけ出し捕らえよ」という幕府から田原藩主宛の命令書が、江戸の藩邸に届いた。そこには、害獣を撃ってはいけないとは書いてないが、害獣でも勝手には撃てなかったようだ。

撃ち殺せから実弾は使うなへ

延宝九年（一六八二）三月十六日の記事によれば、地方代官が郡奉行に、「村々で鹿が暴れ、麦や苗代を食い荒らすので困っています。夜ごと威《おど》し鉄砲を撃ちたい、と百姓たちから願いが出ています」と訴えた。郡奉行がこのことを家老たちに伝えると、「殿様のお耳に入れたところ、〈鉄砲で撃て〉との御意《ぎょい》があった。鹿は藩に召し上げるから、撃ち殺したら、ただちに報告せよ」と返事があり、その旨を郡奉行が代官に伝えたという。

百姓は威し鉄砲で追い払おうと思って許可を求めたのに、藩では撃ち殺すよう指示したのである。ただし、撃ち殺した鹿は召し上げる。つまり、鹿肉・毛皮などは藩のものにする。ちゃっかりしているというか、うまい具合に藩の収入にし

▼吉良御鷹場
信長、秀吉、家康らは、吉良で鷹狩りを行った。

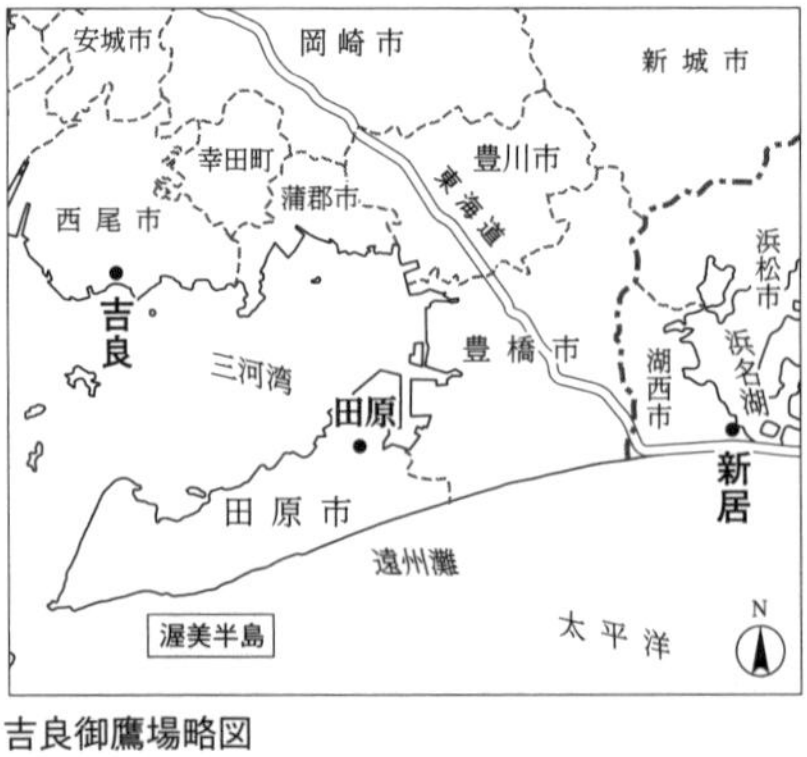

吉良御鷹場略図

てしまうわけである。

　この年、田原藩主三宅康勝は参勤交代で江戸に参府した。時は五代将軍徳川綱《つな》吉《よし》の時代である。まだ生類憐《しょうるいあわれ》みの令★は発令されていないが、江戸へ入って何か雰囲気を感じて、田原で出した指示ではまずいと考えたのだろうか。翌天和二年（一六八二）三月二十二日、「村々で鹿が作物を荒らすという。夜に鉄砲を撃って威し、山に追い上げよ。実弾は使うな」という指示が江戸から出され、家老より田原の郡奉行と二人の地方代官へ言い渡された。

通信使接待のために

　藩主は参勤が明けて田原へ帰ると、先の指示通達をすぐに覆《くつがえ》した。というのは、朝鮮通信使★が東海道を通る。田原藩は新居《あらい》宿★（静岡県湖西市）での接待役を命じられ、接待に鹿の肉を出すことになったからである。

　同年八月八日の記事によれば、接待用の鹿を百姓に撃たせる件で家老たちと相談し、期間は九日から十一日の朝までとした。翌九日の記事には、鹿を撃つため農村の百姓へ鉄砲玉配りの書き付けを足軽小頭が持ってくる、とあり、十日には芦村（田原市芦町）で鹿を撃ったとの知らせが入る。

　田畑の被害を防ぐためには鹿を殺してはいけないと言い、朝鮮通信使接待のた

山
渥美半島には低い山がいくつかある。

▼**生類憐みの令**
五代将軍徳川綱吉が貞享二年（一六八五）以降たびたび出した極端な動物愛護令。

▼**朝鮮通信使**
朝鮮の使節。江戸時代、将軍の代替わりに来日した。陸路東海道を江戸に進み、各地で丁重に遇した。

▼**新居宿**
慶長五年（一六〇〇）徳川家康が関所を設けた。初め幕府直轄、元禄十五年（一七〇二）吉田藩の所管に移った。

めならば鹿を殺せと言う。藩の立場からすれば、将軍の機嫌を損ねたらたいへんなことになるので、幕府の命令は絶対である。しかし、農民の立場からすれば、藩の指示は随分身勝手なものである。

幕府領にならえ

天和三年（一六八三）一月二十六日、郷目付喜兵衛が、「和地村と越戸村は鹿荒れで麦作が台無しとなり、困っています。鉄砲を撃たせてください、と願い出てきました」と郡奉行石川武右衛門に知らせて来たので、このことを同役永田安左衛門にも知らせるよう喜兵衛に言い付けた。さらに喜兵衛は「許可なく鉄砲を撃つ音がして不審に思われます」とも言った。

二つの話のうち、先の話の方が地元にとっては大事だと思われるが、後の話への反応の方が早かった。翌日、地方代官村上理右衛門と同鈴木八太夫を呼んで、武右衛門は、「農村で無許可の鉄砲の音がするそうだ。すぐ禁止のお触れを出せ」と申し付けた。

同年六月二十八日、地方代官理右衛門と同八太夫が郡奉行武右衛門に、「村々の百姓どもは殊のほか鹿が荒らし回って困っています。夜に空鉄砲を撃ちたいと願い出てきましたので、家老たちに話したところ、「幕府領では

和地村と越戸村にまたがる大山

空鉄砲を撃つのかどうか、ようすを尋ねてみよ」と言った。将軍綱吉の世継ぎ★が逝去し、国中が喪に服していた時なので、幕府の意向が気になったのである。渥美半島の西部には幕府領があるので、そこと同じようにしておれば、間違いないだろうというわけである。

七月一日の記事によれば、和地村・芦村から、幕府領では鉄砲を撃っているとの知らせがあった。それで、郡奉行が家老たちと相談し、それならば田原領内でも夜に鉄砲を撃たせよ、ということになった。さらに、代官に和地村の百姓が、「昼寝をしている猪がいれば、昼間でも撃ってはいけませんか」と聞いたので、それも撃ってよいと決めたという。

▼綱吉の世継ぎ
天和三年（一六八三）閏五月、西の丸にいた徳松がなくなった。五歳。一六七九～八三。

鹿退治と鉄砲撃ちへの規制

天和三年（一六八三）八月六日、大久保村（田原市大久保町）の庄屋が、「思いのほか鹿が暴れて困り果てており、追い払いたい」と願い出たので、足軽四、五人を使わして鉄砲で撃たせることになった。ところが、十一日に大久保村の鹿狩りに行ったものの、勢子《せこ》★の数が余りにも小勢だったので、猪一匹を仕留めただけで、鹿はたくさん見逃した、と翌日報告があった。

十四日、家老たちの会合があり、郡奉行二人も出席した。その場で、家老が、

▼勢子
狩の時、鳥・獣を誘い出したり追い込んだりする人夫。

「鹿荒れのところは、鉄砲で撃ってでも追い散らせ」という指示を出した。

天和四年（＝貞享元年、一六八四）一月十五日に、「鹿が作物を荒らすので、勢《せ》子《こ》を出し、鉄砲で撃たせよ」と、郡奉行が代官鈴木八太夫に指示したところ、「二月二十一日に鹿狩りを仰せ付けください」と、村から申し出があったという。

二月二十八日には家老や諸役人が登城し、「鹿を撃つことは百姓たちが願っていたことだ。足軽二、三人に命じて撃たせよ。また、村の考えで撃つ者を指示してもよい。ただし、鹿・鳥・野犬以外の鳥獣狙い撃ちと御精進日★に撃つことは厳禁」となった。足軽組には家老から指令を出す予定になった。

三月一日の記事には、百姓に鹿を狙い撃ちさせることになったことから、代官の鈴木八太夫が郡奉行石川武右衛門に、「百姓に貸す鉄砲を鉄砲奉行から借用してほしい」と願い出た。その結果、武右衛門は鉄砲奉行宛に、「以前から百姓に貸し出している鉄砲は一四挺あり、まずそれを代官に貸してやってほしい。その他にも百姓に貸し出す鉄砲を貸してください」という書状を出した。

鹿荒れの対策の他に、金目当てで鹿を撃つ者もいたようだ。貞享元年（一六八四）十一月十三日には、鉄砲撃ちを捕らえたという記事が見える。鳥羽《とば》藩領保美《ほび》村（田原市保美町）の百姓を田原藩若見《わかみ》村（田原市若見町）山廻り役人が捕らえて、鉄砲と獲物の鹿を取り上げた。家老たちは山廻り役人★を誉めると共に、他領の者であることを心配した。幕府領でなくてよかったと一安心したが、「この事件は

▼**御精進日**
国中が喪に服し、魚や鳥獣肉を食べない日。

▼**山廻り役人**
御領の山林を監視管理する役。足軽級の有能武士がこれにあたった。農村から採用することもあった。

山廻り役人止まりとして、上役は何も知らないことにせよ」と言い、事件を拡大させないよう、今後の処置について詳しく指示した。

貞享二年三月九日、村で鹿が暴れているので鉄砲で撃ちたい、との願いが出た際に、例年通り許可することにしたが、郡奉行が代官に、「村で鉄砲を撃っている者の名前を書き付けて提出せよ」と付け加えて言い渡した。さらに同十二日には、郡奉行が代官に、「鉄砲を撃つ者に腰札をつけさせよ。御精進日は撃ってはいけない。鳥などは撃つな」と言い渡した。担当区域に城下町が入っている代官には、「城下町では撃ってはいけない」と付け加えた。

生類憐みの令に苦しむ

貞享二年（一六八五）九月二十六日、田原藩の藩士は惣登城し、幕府から出された新しい御法度書を聞いた。それは、「馬の筋を延ばして形をよくすることを固く禁止する」というものだった。これだけなら格別困ることもなさそうに思えるが、これは「生類憐みの令」のうちの一つにすぎず、その後、次々と厳しい法令★が発令された。

元禄二年（一六八九）三月十六日、農村から「村々の麦を鹿が荒らして困る。被害状況をお役人に見てもらいたい」という訴えがあったが、家老たちは「何と

▼厳しい法令
生類憐みの令が最も多く出された貞享四年（一六八七）は、『田原藩日記』が欠落している。

も気の毒なことである」と弁解するばかりだった。生類憐みの令が発令されているため、どうしようもなかったわけである。

三月二十二日、鹿が暴れて畑が荒れている地域は、年貢から被害高を差し引くことになった。財政難の藩にとってさらに収入が減り、痛手だったが、鹿を撃つことができないので、こうする以外に仕方なかったのである。

五月十二日、江戸から飛脚が来た。鉄砲所持者改めをせよ、という命令だったので、早速実施して、江戸へ報告した。

七月に江戸から届いた書状に、「生類憐みの志、専要につかまつれ、猪・鹿荒れは田畑を損じ、狼は人馬犬などを損ずるから、追い散らしても被害が止まらない時は鉄砲で撃たせるが、生類憐みの志を忘れてやたらに撃つ者があれば、厳しく処罰する。その場所の代官・領主の落ち度とする」という幕府の命令があった。どうにも困り果てて撃ったとしても、むやみやたらに撃ったとされてしまうかもしれない。そうしたら藩主の落ち度とされてしまうので、村から願いが出ても、藩として撃つことは許可できなかったのである。

元禄三年九月二十日、畑で大豆を盗み食いしている鹿を捕らえて焼いて食べた、という噂が広まった。調べを進めていくと事実で、鹿を食べたのは田原藩の中《ちゅう》間《げん》★たちだった。九月二十二日、家老たちが会合を開いて協議した結果、過銭（罰金）を取り、これを庄屋に渡して、夜な夜な鹿猪を追い払っていた農作物の番人

▼中間
江戸時代、武士に仕えて雑務に従った者の称。

三〇人に渡すこととなった。「よくよく精を入れて、不調法者をも捕らえるようにせよ」と、地方代官から庄屋に言い渡した。

宝永三年（一七〇六）六月十五日、野犬が田原の町中に多数たむろし、昼夜往来を止め、諸人が難儀しているため、町廻りに命じて九匹を捕らえ、犬小屋で保護するため、米二合ずつ給させるよう命じた。生類憐みの令のため、財政難の田原藩も、野犬に米を食わせなければならなかったのである。

生類憐みの令廃止

宝永六年（一七〇九）一月、将軍綱吉が亡くなり、徳川家宣《いえのぶ》が将軍となったことで、生類憐みの令は廃止された。

正徳四年（一七一四）一月十三日、田原藩の村々で猪や鹿が暴れているため、藩士と村人とで、蔵王山★やその他で巻狩を実施した。その後もたびたび猪や鹿の狩りが行われている。特に享保十八年（一七三三）から元文《げんぶん》二年（一七三七）までは毎年春頃、各村で盛んに鹿と猪の狩りが行われた記事が載っている。元文二年には、六、七月頃、領内各村で野犬狩りも行われた。

宝暦十二年（一七六二）六月十六日の記事に、田原に飼い犬・野犬が激増しており、この日から放れ犬の鉄砲による殺害を始めるとある。

▼蔵王山
田原城下町の北にある山。標高二五〇メートル。

蔵王山

しかし、二カ月後、八月二十六日には、「殺生鉄砲停止」とあり、さらに十月十日には領内の鉄砲改めが行われ、鉄砲の使用を停止している。ただ、何を撃ったことで問題となったかは書いてない。

明和三年（一七六六）八月二十七日には、吉胡村《よしご》（田原市吉胡町）、大久保村で、差し棹（先の方に粘る物質をつけた棹）や吹矢を用いて小鳥を殺生することを禁じているが、鳩のみ許可している。鳩による農作物被害が強く認識されていたためだろう。『藩日記』にこの年の史料がなく、『田原町史』中巻の年表からの引用であるが、小鳥の殺生を禁じながら鳩の殺生を許可することは、現代人としてはいささか不思議な気がするのではないかと思い、紹介した。

江戸期には野生動物による農作物への被害は、たいへん大きかった。生類憐みの令に悩まされてなす術のなかった時期もある。歴史を概観してみると、害獣駆除の意識が強く出た時期と、動物愛護が強く出た時期とが繰り返されている。また、豊臣秀吉の刀狩令により、農民は武器をすべて没収されたといわれるが、害獣対策として鉄砲の使用が許可されていたことがわかる。

④

宝永大地震（『金五郎文書』より）

地震は突然起こり、時に大きな災害をもたらす。
この地方も何度か地震災害にあってきた。この地方の江戸時代における地震災害の最もひどい例として、宝永大地震を取り上げてみよう。

宝永以前の地震

古代からたびたび地震の記録はあるが、その多くは中央で書かれたものであるため、田原における具体的な被害はわからない。『常光寺年代記』には明応二年（一四九三）、同三年、同七年、永正十年（一五一三）、天正十三年（一五八五）の大地震が記されているが、具体的な被害状況は不明である。

江戸時代になると、この地方の地震の記録も残っている。

『常光寺年代記』によれば、慶長九年（一六〇四）十一月十六日、表浜の船が皆打ち壊され、網が流されたという。また、同十九年十月二十五日に大地震があったという。『田原城主考附録★』に「大坂出陣の前年に大地震があって、その時、田原城に三つ四つあった矢倉が崩れた」とあり、この地震で田原城の矢倉が崩れ

▼『田原城主考附録』
萱生玄順著『田原城主考』の附録。

たようだ。ここの「大坂出陣」は夏の陣を指している。この地震は大坂冬の陣の最中だったが、著者の頭には冬の陣はなかったようだ。

貞享三年（一六八六）の『藩日記』によれば、八月十六日辰の刻に大地震が起こり、城内が破損、家中の屋敷も同様であった。領内は別条なかったが、赤羽根においてはほうべ（海岸の崖）が崩れて、子ども三人が亡くなった。姉は十歳、妹は七歳、弟は三歳だった。『常光寺年代記』はこの地震のことは記さず、元禄十六年（一七〇三）十一月十八日の江戸大地震、五日後の十一月二十三日★の江戸から箱根にかけての大地震を記しているが、渥美半島についての記述はない。

▼二十三日
『常光寺年代記』には「二十二日夜、八ッ時」とある。

宝永大地震

渥美半島で最も被害が大きかった地震といえば、宝永四年（一七〇七）十月四日の地震と思われるが、残念なことに『藩日記』の同年が欠落している。『常光寺年代記』によれば、十月四日正午頃の大地震は、前代未聞の地震であった。浜辺に津波が押し寄せ、十三里の間の漁船はことごとく流失し、一村につき一、二人ずつ流されて亡くなった。堀切《ほりきり》村（田原市堀切町）の西では民家三〇余りが波によって破損し、二人が流されて死んだ。この日夜になって三、四〇回の地震があったため、村内の老人も若者も山へ退去し、二日三夜にわたって山に臥した。堀切村に限らず民家の多くが破損し、みな野に臥し山に住んだ。近村で特別破損の多かったのは、野田村である。大家は破損し、寺院はことごとく大破した。

一番被害が大きかったという野田村のようすは、野田村の庄屋金五郎が書いた『金五郎文書』★に詳しく記されている。宝永四年十月四日昼頃、大地震があった。その年は九月二十日頃から雨露の気配がなく、晴天続きで風も吹かず、季節外れの暖かさで、春三月頃の陽気に思えた。四日の地震はゆっくりと揺れ始め、揺れが長く続き、そろそろ揺れが止むかと思った頃、強く揺れ出し、地の下でドンドンと鳴り、天地がザワザワと騒ぎ、しばらくの間大地震が続いた。大揺れの中頃には老人も若者も共に途方にくれ、あちこちを見回していた。この時野田村で潰れた家数は、居宅・馬屋・せっちん（便所）まで合わせると五八〇軒だった。西円寺と脇寺二つが残らず倒れてしまった。安楽寺★も同様だった。その他の寺は破損が少なかったが、法光院★の門は倒れた。野田村のうちでも揺れ方に差があり、被害の激しかった地域とわずかな揺れで倒れた家のない地域があった。

地区ごとの被害状況は表に示すが、谷田方《たにだかた》（野田村を二つに分けた一つで、北西側）の六カ村合わせて総戸数二九〇戸のうち、居宅一五〇軒、小屋二四五軒が倒壊した。うち居宅は六二軒が、小屋は八七軒が半壊だった。残る九三軒の居宅は大地へめり込み、潰れてこなごなになってしまった。南方《みなみかた》（野田村の南東側）三

▼『金五郎文書』
原題は『歳代覚書』。上野田村の豪商鵜飼金五郎が、同村庄屋加藤権助の所蔵する古文書を抜き書きした覚え書である。記事は永禄の頃（一五五八頃）より宝永五年（一七〇八）までのことが記されている。

西円寺

▼安楽寺
田原市野田町にある浄土真宗の寺。

▼法光院
田原市野田町にある曹洞宗の寺。

カ村では総戸数二二〇戸のうち居宅が六〇軒倒れ、うち二四件は半壊、小屋は一二〇軒が倒れ、うち七〇軒が半壊だった。南方・谷田方合わせて居宅二一五軒が倒れ、小屋は三六五軒が倒れた。

保井村《ほい》権助《ごんすけ》★居宅北の角から南の角まで地面が揺れて割れ、一番広い割れ口は横渡し二間（約三・六メートル）、深さ五尺（約一・五メートル）で、地底へ地面が沈み込んだ。その割れが段々幾通りにも延びて、七尺（約二・一メートル）ほど沈んだ。逆に川岸を六尺（約一・八メートル）ほど盛り上げたので、川上の水がつかえて流れなくなった。西円寺の屋敷もこの筋割れに沈み込んだ。この二屋敷の川向こうの畑藪《やぶ》も割れ沈んだ。他の所では割れ込みはなかった。

田原領内全体では総家数、小屋合わせて、一四〇〇軒ほど倒壊したという。渥美郡では、赤沢村（豊橋市）、田原城内、野田村、それに赤羽根村西部の川筋の集落が大破した。その外の村には倒れた家はない。

海岸には津波が押し寄せたので、人々は山へ逃げた。高松村などでは、平常の波よりも五丈（約一五メートル）も高く津波が上がったので、ほうべの低い所では津波が崖を乗り越えたという。

津波で海辺の新田の堤防は、残らず切れてしまった。田原城下では城のすぐそばまで、海水が押し寄せた。汐川の向かい側（城の南東）は、川から三〇〇メートルほど離れた寺の境内まで海水が入ってきた。西の方は清谷の橋まで海水が入

▼保井村
野田村は、大きな村なので、上野田村（谷田方）と下野田村（南方）にわける。上野田村は六郷、下野田村は三郷あるが、各郷を村という場合もある。

▼権助
上野田村庄屋加藤権助。

宝永地震野田村谷田方の被害

地　区	戸数	居宅		小屋	
		倒壊	内半壊	倒壊	内半壊
今方村	46	39	13	62	26
北海道	45	33	5	53	4
市場村	49	27	12	35	15
保井村	41	30	11	57	32
東馬草村	68	5	2	5	0
西馬草村	41	31	19	33	20

•『金五郎文書』の数値により表作成。
•野田村は大きな村なので、小字を村と呼ぶ場合もある。
•「小屋」は、馬屋・せっちん（便所）・納屋など。

った。表浜筋では、網を引いて魚を捕る舟が残らず流されてしまった。

富士山噴火、宝永火山

宝永地震の延長上に富士山の噴火が起こった。『金五郎文書』は、富士山の噴火について、野田村から見たようすや後から聞いた話をまとめて書いている。その概要は次の通りである。伝聞なので、間違った事実やオーバーな表現もある。

宝永四年（一七〇七）その年十一月二十三日朝から、何とも不気味なドロドロドロという音が鳴り出し、野田村で聞いていると大久保か田原で鳴っているように思えたが、駿河の富士山と足高山《あしたかやま》★の間の須走《すばしり》★という所の山に火口★ができて、そこから火が燃え、噴き上げているということだった。火は富士山より三倍くらい高く見え、野田村からも夜は火が見えた。昼は煙ばかり見えたが、この火焔には土砂が混じり、西風が毎日吹き、そのため東国へ砂が降り、富士山より東の七カ国は潰れてしまった。江戸にも砂が降り、厚さ四、五寸（約一二〜一五センチメートル）も積もったという。この火口の近くの村里は、砂の高さ一丈（約三メートル）も積もり、田地はもちろん家も見えなくなり、一つの村が潰れてしまった。

幕府は、被害を受けた国を救うため、日本国中高割金と名付けて、翌年の正月に命じ、本高百石あたり二両ずつ二月末に村々から徴収した。砂は十一月二十三

▼足高山
愛鷹山。富士山の東南東に位置し、富士市・裾野市・沼津市・駿東郡長泉町にまたがる連峰。狭義には最も南の標高一一八七メートルの愛鷹山の峰を指す。

▼須走
静岡県駿東郡小山町。富士山の東。御殿場市の北。

▼火口（宝永火口）
御殿場市に属する。富士山の山腹、南東肩に突出する凸部で、標高二六九三メートル。富士宮登山道と御殿場口登山道の間にある。須走口登山道は北に離れている。火口が富士山と愛鷹山の間というのは正しいが、須走というのはやや不正確か。しかし、当時としては素晴らしい情報を得た、といっていいだろう。

日から降り始め、十二月九日に降りやんだ。この間は昼中も提灯をともして、諸用を行ったと聞いている。

地震の心得、教訓など

『金五郎文書』には、過去の地震から学んだ心得、教訓も書かれている。

宝永地震より六年前に東路大地震があり、箱根より東は大分破損、特に小田原では城をはじめ一宿残らず潰れてしまった。潰れた家から出火して町中残らず焼失し、人馬牛の多くが焼死した。その跡へ津波が押し寄せ、すべて流されてしまった。それより東にも被害が及び、江戸も大破した。この地震を他所のことのように思っていたところ、十月四日の大地震は六年前に潰れた小田原よりも、さらにひどいものだった。

ある人が三年前に「小田原地震は他所のことではない。すべて日本国中が一度は大地震にあうのだ。今年東国で大地震があれば、来年西国に大地震が来るのだ。古書にも書いてあるから油断するな★」と言った。その時はおかしなことを言う人だと思って聞いていたが、予言の通り六年目に西国が潰れてしまった。

その後も何度か地震があったが、この地方に大きな被害をもたらしたのは、嘉永七年（安政元年、一八五四）十一月四日の地震である。

▼小田原地震は……油断するな　磯田道史著『歴史の読み解き方』（朝日新聞出版　二〇一三年）は、この教訓的記述や富士山噴火の噴煙の高さや広がりについての記述を高く評価し、「金五郎さんは多分、後世のために書いてくれています。我々に見せるためにです」と結んでいる。

平成三十一（二〇一九）年三月二十二日、政府は宝永噴火をモデルに、富士山噴火に伴う首都圏への降灰について、時系列で検証した結果を中央防災会議の作業部会で示した。

富士山
東側（右）中腹に宝永火口がある。

第三章 江戸前期の社会・風俗・文化

比留輪山争論、難破船問題、芭蕉の訪問。

田原藩の米蔵・野田村（田原市野田町）の水田地帯

① 幕府評定所に直訴した、比留輪山争論

藩の裁決に納得のいかない村民が、大勢江戸へ出て行き、幕閣の行列を探して人目に付く所で何度も繰り返し駕籠訴を行った。ついに取り上げられて、一つの藩内の争論が幕府評定所で裁かれる。こんなことが本当にあった。

比留輪山争論の起こり

比留輪山《ひるわやま》は広大な土地で、野田村（田原市野田町）と赤羽根村（田原市赤羽根町）の間にある。比留輪山あるいは比留輪原ともいうが、山というより原野という方がよいなだらかな地形で、野田村寄りの北側が高く、南に向かってゆるやかに低くなっている。★松が茂っていたので山のようだったが、山頂も尾根もなく、村境が自然には決まりにくい。かつて徳川家康が巻狩をした時に、比留輪山の下草刈りや枝打ちの権利が野田村に認められたという。

野田村は渥美半島のほぼ中央に位置し、田原藩一万二千石のうち四分の一にあたる三千石を産する、藩内で最も水田の多い村である。化学肥料がなく主要な肥料が山の下草などだった時代、野田村の水田の地力を維持するためには、比留輪

▼北側が高く
渥美半島全体としては、南側が高く、北に向かってゆるやかに低くなっている。

野田村（田原市野田町）の水田

山の下草がどうしても必要だった。また、凶作の年には松葉・枝切りをして現金にできる。比留輪山★は何としてでも守らなければならない土地だったのである。

一方、赤羽根村は太平洋に面した断崖上にあり、赤土のやせた土地だった。今では施設園芸が盛んで富裕であるが、当時は半農半漁の貧村だった。漁業が不漁続きの上、寛文二年（一六六二）五月の地震で海岸崩壊が起こり、内陸部の開発が求められていた。それに、次第に商品経済が進んで畑作が重視されてきたこともある。赤羽根村も下草や新畑開発のために、比留輪山がどうしても欲しかった。

争論の起こりについて、野田村の主張は『金五郎文書』にまとめられている。田原藩主戸田氏の時代は比留輪山は幕府領で、田原藩主が預かっていた。野田村の持ち山とされており、野田村は、田原藩を通して幕府に年貢米を納めていた。

赤羽根村では自分の持ち山だけでは薪《たきぎ》に不自由するようになり、戸田氏の代に比留輪山の落葉を取る許可証（山札《やまふだ》）を得た。その代金分の米を赤羽根村から野田村へ納め、野田村から田原藩の役所へ納めていた。寛文四年、国替えで三宅氏が田原藩主となると、比留輪山は幕府領から三宅氏領に変わった。赤羽根村は野田村を通さずに、直接藩に札米を納めるようになった。

寛文八年、赤羽根村が比留輪山竜《りゅう》ケ《が》原《はら》に新しく神社を建てようとしたのを、野田村の者が見つけて押しとどめた。双方が藩の役人に呼び出されて対決した結果、以前の通り野田村の持ち山ということで裁判は決着した。しかし、赤羽根村

▼比留輪山
ひるわ、比留輪、飛留輪、日留輪、日留和など、表記にさまざまな文字が使われた。ここでは、「比留輪山」と表記する。

比留輪山
畑と一部に残る未開墾地。

はその後も役人に対して盛んに「比留輪山は赤羽根村の持ち山である」と訴えたため、役人は赤羽根村の言うことを信じるようになり、先の裁判から逆転して赤羽根村の勝訴となった。

他方、赤羽根村の主張はこうだ。寛文八年一月二十五日付「田原藩宛赤羽根村訴状写」★には、赤羽根村が氏神引越の許可を得たが、野田村からの訴訟により奉行に差し止められた。野田山と赤羽根比留輪山との間に境がある。比留輪山が赤羽根の山である証拠に毎年山札米を納めている。また、戸田氏の先祖の戸田政光が、比留輪山の材木や薪を赤羽根村金能寺《ごんのうじ》（厳王寺）★へ寄進していたから、比留輪山は赤羽根村のものだとも主張した。

このように、両村とも権利を主張しているが、三宅氏になって、まず野田村が勝訴し、次に赤羽根村が逆転勝訴したことは、両村共了解していた。

野田村、江戸出訴

寛文十三年（一六七三）、赤羽根村が大勢で比留輪山に押し寄せて★、新畑開墾のため松葉根切り・枝おろしを始めた。野田村も大勢繰り出して、これを止めさせた。この時、田原藩の役人は、何もしないで田原へ帰ってしまった。ここからは『比留輪山出入覚書』★、『田原町史』、『漫録田原藩』に基づいて事件の経過を記す。

▼「田原藩宛赤羽根村訴状写」
『赤羽根の古文書　近世史料編』所収。

▼金能寺（厳王寺）
田原市赤羽根町にある曹洞宗の寺。戸田政光が開いたと伝えられる。

▼比留輪山に押し寄せて
事件の経過の日付については、史料によって幾分違いがある。

▼『比留輪山出入覚書』
比留輪山争論の顛末を、野田村の加藤七右衛門が資料整理をしてまとめたもの。

『比留輪山出入覚書』

野田村の集会で、「田原の役人は赤羽根村の味方をしているから信頼できない。殿様は江戸にいるから江戸の藩邸へ直訴しよう」ということになった。九人の代表が選ばれ、三月十三日の晩に野田村馬草港を舟で出て、ひそかに前芝港（豊橋市前芝町）へ上陸し、十八日に江戸に着き、翌十九日、当時は下谷《したや》（台東区）にあった江戸田原藩邸に出訴した。しかし、国元で裁決すべき問題ということで、受け付けてもらえない。野田村の九人は追い返されても、何度も繰り返し嘆願した。どうしても受け付けてもらえないので、幕閣の行列を探して訴えた結果、評定所★に届けられた。四月二十七日、幕府評定所へ呼び出されたので九人が出頭すると、殿様にお願いせよという指図だった。田原藩邸へ行くと門前払いされた。その間に田原では九人の家族全員が捕らえられ、牢屋へ入れられていた。

野田村は一人抜けて八人になっていたが、駕籠訴《かごそ》★を続けた。駕籠訴を行った相手の寺社奉行吉田藩主小笠原長矩《おがさわらながのり》が、使者をつけて田原藩邸へ送り届けた。藩邸では最初は丁重であったが、使者が帰ると役人の態度は豹変し、八人を捕らえ、斬首の準備に入った。小笠原長矩が噂を聞いて使者を出し、死刑を止めさせた。

野田村では新たに十人を江戸へ送り込み、陳情を重ねた。若年寄（側衆《そばしゅう》松平信《のぶ》衡《ひら》か?）が訴状を取り上げたので、その指示に従って一旦国元へ帰った。

藩主三宅康勝は参勤が終わって八月九日、田原へ帰城した。藩では野田村に恥をかかされた、という恨みがつのっていた。八月二十三日、江戸出訴の者を呼び

▼**評定所**
幕府の訴訟裁決機関。江戸幕府では寛永十二年（一六三五）評定所の制を定め、寺社・勘定・町奉行それぞれの所管事項中、他の奉行に関係するものや重要事項で専決しがたいものを裁断することにした。三奉行の他に老中一人で構成され、側用人や在府の京都所司代・遠国奉行などが列座することもあった。

▼**駕籠訴**
越訴の一つ。所定の手続きを経ず、幕府の高官や大名が駕籠で通るのを待ち受けて、訴状をささげて直接に訴えること。

出して、厳しく問いつめ、二十五日、藩の裁決三カ条を申し渡した。
一、比留輪山は請山《うけやま》★（浮山《うきやま》）である。
一、野田村には松葉枝おろし・下草刈りは、従来通りを申し付ける。
一、赤羽根村の新畑開墾地は、従来のままを申し付ける。
赤羽根村の開墾を認めるということであり、野田村としては到底納得できない。それに追い打ちをかけるように、野田村の代表者七人とその家族を、即刻追放処分とした。突然の命令で、着の身着のまま三河と江戸から追放されてしまった。

幕閣への再訴訟――評定所の裁決

その晩、野田村では総集会を開き、約五〇〇人が集まり、清右衛門《せいえもん》★をはじめ六人の新たな代表を選んだ。六人は二十八日の晩、野田村の馬草港《まくさ》を出て前芝港《まえしば》（愛知県豊橋市）に上陸し、九月三日、江戸に到達するとすぐに訴訟を開始した。寺社奉行本多忠利《ただとし》や同小笠原長矩《ながのり》の屋敷を訪れたが、断られた。同じ頃、野田村からは少人数ずつ抜け出して江戸へ集結し、訴訟人の数は日に日に増していった。追放処分となった者も加わり、何度断られても、幕閣の行列を狙って越訴《おっそ》★・駕籠訴を繰り返した。そして、ついに評定所に出向いて老中久世広之《くぜひろゆき》に会い、さらに老中首座稲葉正則《いなばまさのり》にも会えて、九月二十二日★に出頭するようにと言われた。

▼請山
江戸時代に、領主の持つ山林で、一定の条件のもとに家臣や村または個人に貸与されたもの。

▼清右衛門
野田村市場の百姓。庄屋でも組頭でもないが、訴訟の代表者に選ばれた。江戸時代、庶民も名字を持っていたが、名乗ることは禁止されていた。清右衛門には、河合という名字があったが、多くの史料に名字が書かれていないので、ここでも書かなかった。

▼越訴
一定の順序を経ないで上訴すること。江戸幕府は厳禁。

▼九月二十二日
九月二十一日に延宝に改元した。

ところが、九月二十二日に評定所へ行くと、追放者四人が稲葉正則に見つかり、牢屋に入れられた。それでも野田村訴訟人は、死刑覚悟で駕籠訴を繰り返した。しかも人目につく所で、多くの人に見てもらう戦術を取った。五〇人で久世広之の駕籠を囲んで直訴した。久世広之は暴挙だと叱りつつも、十月四日評定所へ出頭せよと通達したので、出頭すると、藩主の裁決に従えと指示された。従うわけにはいかないから、さらに訴訟を繰り返し、新たに四人が牢屋へ入れられた。

十二月十二日、野田村の訴訟人は、老中土屋数直《かずなお》から出頭を命ぜられた。評定所へ行くと、「ひとまず国元へ帰れ。入牢者四人は赦免する」と言い渡された。入牢者四人に対して土屋数直は、「来春、赤羽根村の者を呼んで対決させよう」と申し渡した。野田村訴訟人の執拗さに、幕閣老中たちも根負けしたようである。

十二月十四日、野田村の訴訟人は、小笠原長矩から出頭を命じられ★、「十八日に評定所で田原役人と対決せよ」と申し渡された。清右衛門は、「田原役人が相手ではない。赤羽根村が相手であるが、ひとまず国元へ帰れ、という老中の言い付けに従う」と返答した。ここで田原役人と対決するのは得策でないという判断だが、それまで好意的だった小笠原長矩の面目を潰して、怒らせてしまった。

野田村は一村の存亡をかけて、総力をあげてこの裁判を闘った。一方、赤羽根村は藩の裁定に満足しており、すでに決着のついたことと考えていたので、野田村の敵役として引っ張り出されて迷惑な話である。こんな裁判はやりたくない。

▼小笠原長矩から出頭を命じられ
幕府の老中・寺社奉行たちの間で意向が統一されていなかったようだ。

両村の裁判にかける熱意に大きな差が出たのは、当然のことである。

翌延宝二年（一六七四）二月四日、両村の代表者が評定所へ出頭し、六日に裁判が始まった。野田村は清右衛門をはじめ、弁舌の立つ七人を選出した。六日に続いて十三日、二十四日、三月十二日と評定所での対決があり、清右衛門が熱弁をふるい、野田村が圧倒的に優勢で弁論戦を終えた。そして、四月十三日、以下三カ条の申し渡しがあった。

一、比留輪山の松の下枝並びに下草を刈り取る権利は野田村にあることを、前々のように認めるよう、田原藩主三宅康勝に申し付ける。

一、比留輪山のうち、今までに赤羽根村が開墾した畑はそのまま認めるが、以後の新畑開発は認めないことを、田原藩主に申し付ける。

一、藩主三宅康勝に申し付ける。野田村の百姓たちは藩主の裁決に背いたので、七人のうち清右衛門は三宅康勝に下し、その他の六人は追放とする。

『金五郎文書』によれば、清右衛門は四月二十二日、野田村で斬首された。見せしめのためである。

清右衛門墓（田原市野田町）

判決・事件の評価

現代人の感覚では理解しにくいが、野田村は藩の裁決に逆らって越訴をした。

主張したことの真偽正邪とは別に、越訴の罪を厳しく問われたのである。犠牲はあまりに大きい。「相手は赤羽根村」というのは表向きの口実で、実際には田原藩が相手であることは明白だった。これは藩に対する百姓の抵抗・闘争だから、野田村の勝訴とすれば、領主が領民に敗れたことになる。幕府は田原領の支配を三宅家に任せている以上、野田村がどんなに筋の通った正しいことを主張しても、幕藩体制の下で領民の勝ちとすることはできないわけである。

ところで評定所の裁決には、藩の裁決に新たに加えた命令★がある。「以後の新畑開発は認めない」という点である。野田村が大きな犠牲を払って得たのは、これだった。野田村の勝とする評価と赤羽根村の勝とする評価があるが、どちらも全面勝利ではない。それまでに赤羽根村が開発した畑は認めているから、それまでにどの程度開発していたかで、どちらの得るものが大きかったかが決まる。

田原藩三宅家にとっては大きな黒星である。事情がわからないまま、荒野を開墾すれば税収が増えると安易に考えていた。野田村も赤羽根村も田原藩領、自分の領内の争いを解決できず、幕府評定所の裁決を招いてしまった。統治能力なしと断罪されてもしかたない。前田原藩主で寺社奉行の戸田忠昌は、あまり表に出ず、野田村と三宅家双方ともに傷付かないよう、裏で尽力したといわれている。

三宅家には相当強い屈辱感が残ったようである。江戸後期の開明的思想家といわれる渡辺《わたなべ》崋山《かざん》でさえも、田原藩家老の目線で、「比留和山ハ延宝の頃野田村清

▼新たに加えた命令
表面上は田原藩の裁定を批判することなく、野田村の主張を取り入れる、落とし所を幕府役人はよく考えたと思われる。

清右衛門碑
(田原市野田町、仁崎口バス停前)

右衛門といえるひが（ひねくれた）男の界《さかい》を論《ろんじ》、終《つい》にその身は国刑に逢ひて、長くこの地をして荒野となしぬ」と書いている（『参海雑志《さんかいざつし》★』）。その頃荒野だったということは、比留輪山は野田村の持ち山として決められたことがよく守られていた、ということだろうか。

野田村は訴訟に莫大な資金を必要とした。『金五郎文書』には、「江戸へ下り候人数、大勢の時ハ八十人程宛、江戸に滞在仕候」とあり、そのため莫大な費用がかかったからだ。裁判の後に庄屋・組頭・老百姓が追放となったため、この時の経費がどれだけだったのか、詳しくはわからないが、「大方都合金六百両程懸リ申候」とある。田原町人から相当借金をし、返済に長くかかったであろう。しかも、訴訟闘争第一で田畑の仕事はおろそかになり、野田村は困窮した。

幕府も年貢のことが気になったようだ。延宝三年（一六七五）の『藩日記』によれば、前年延宝二年十一月下旬、幕府勘定奉行から田原藩郡奉行宛に、野田村の年貢納付状況について、問い合わせがあった。幕府から藩の家老を通さないで直接郡奉行宛に問い合わせるのは、異例のことである。これに対し、幕府にはあたり障りのない表現で三年分を報告したが、翌年一月十日の江戸家老宛手紙には、「寛文十三年（延宝元年）の未進が六百俵分、延宝二年の未進が八百俵余」とある。年貢未進の者一五〇人ほどを牢屋に入れた。延宝三年の見通しも、田原町人からの借金も返済できず、厳しい状況だったという。

▼『参海雑志』
渡辺崋山の紀行文。天保四年（一八三三）田原を出発して神島（三重県鳥羽市）、佐久島（西尾市）、吉良（西尾市）などを訪ねた時の日記。

追放解除、両村の和解など

天和二年（一六八二）の『藩日記』によれば、同年二月十三日、赤羽根村の庄屋たちが、追放された野田村の者たちの帰参を許してやってほしい、と願い出た。★これに対し、地方代官は自分たちで判断できるものではないと答えた。

同年十一月十一日、野田村の追放された者について、西円寺・法華寺★・龍門寺★・法蔵寺★・金能寺・伝法寺★の領内六カ寺が地方代官方を訪れて、帰参を許すよう申し入れた。これを聞いた郡奉行は、家老たちと相談したが、追放は幕府からも命じられたのだから、田原藩だけの判断で許すことはできないと返答した。彼らの帰参がかなったのは、『金五郎文書』によれば正徳元年（一七一一）である。

さて、野田村と赤羽根村の間では、話し合いで解決した事例も『金五郎文書』に出ている。元禄五年（一六九二）金能寺と赤羽根村庄屋が、金能寺の寺中に新畑を開墾したいと田原藩へ願い出た。役人が調べると野田村の山へかかっていた。そこで役人が相談して、かかっている部分の野田村の山をもらって野田村と金能寺の境を変えたいと申し込み、野田村がこれに応じ、九月四日、両者が現地を見て確認し、話がまとまった。両村も田原役人も、この時は融和的だった。

寛文年間の一件の時には、両村とも互いに自分の村の利害に真剣になるあまり、

▼赤羽根村の庄屋たちが……願い出た
相手側から許してやってほしいと願い出たことは、注目すべきだろう。

▼法華寺
田原市野田町にある日蓮宗の寺。

▼龍門寺
田原市田原町にある曹洞宗の寺。

▼法蔵寺
田原市高松町にある曹洞宗の寺。

▼伝法寺
田原市神戸町にある曹洞宗の寺。

相手の事情まで考える余裕がなく、役人も高圧的にそれを抑え込もうとしたために、あのような結果になってしまったのである。

追放された人の子孫で、宇都宮に住み着いた者もいる。『下野《しもつけ》歴史物語（中）』によれば、追放された一人の利右衛門《りえもん》★は、妻子とともに岡崎で日雇い暮らしをしていたが、元禄十一年九月、六十四歳で亡くなった。その子長兵衛は両親が追放中に生まれた。母の実家は戸田家に仕える武士である。正徳元年（一七一一）春江戸へ出て、戸田忠真が宇都宮へ移ったことを知ると、宇都宮へ走り、母の実家である林平右衛門《へいえもん》（役職は不詳）の屋敷へ名乗り出た。平右衛門の力により、長兵衛は御城出入り商人見習いとして商売することになった。生計の見通しがつくと、母と妹を岡崎から呼び寄せ、後に三代目利右衛門を名乗った。

この事例からも、村役人層はただの農民ではなく、戦国時代の土豪の子孫で、高圧的な大名には容易に従わない気風を保持していた、そして、親族には武士身分の者がおり、その頃にも身分を越えた交流があったことがわかる。

明治九年（一八七六）両村の村役人全員が立ち会い、比留輪の境界を立てた。七月二十四日、これまでの仲直りとして、野田村より酒一樽、赤羽根村より塩アジ一樽持ち寄り、大酒宴をして親睦を深めた。両村の和解は成立したのである。

今日考えるべきことは、どちらが正しかったかではなく、江戸時代の農業生産にとって山林がいかに大切だったか、当時の農民生活に思いを寄せることだろう。

徳田浩淳著『下野歴史物語』

▼利右衛門
『下野歴史物語』には河合という名字が書かれているが、清右衛門らに合わせて、ここでは名字を省いた。

これも田原

田原藩領の争論

土地に深く根差した生活をしていた時代、隣村同士というのは、山をめぐる争い、海をめぐる争い、水をめぐる争いと、とかく争論が起こりやすい。江戸時代田原藩領においてもいくつもの争論があったと思われるが、『田原町史』に載っている争論の具体例は、「比留輪山争論」を含めて四例だけである。一つは一村内の争いなので省いて、残り三例を紹介したい。

今田村・谷熊村干潟争論

田原湾南部には汐川干潟が広がっていて、そこには藻草や巻貝が繁茂・繁殖しており、田畑の肥料として販売・換金でき、それは沿岸の村々の経済にとって貴重なものだった。そうなると、境界が問題となるが、どの村も自分たちの領域を広く確保したいから、争いとなる。

大崎、大津、杉山、谷熊、今田の各村は、それぞれ自己主張するのだが、このうち田原藩領は今田村だけであり、その隣村は谷熊村である。両村とも現在の田原市に属するが、当時は谷熊村は吉田藩領であった。したがって、今田村と谷熊村は、領主の違う村の争いであった。

貞享元年（一六八四）七月二十八日、今田村から藻草《もぐさ》取りの船が三艘出て、同村内の浜で操業していたところ、谷熊村の者が十二、三人泳いできて、一艘の船の櫓《ろ》を奪って去った。八月三日、このことが今田村庄屋から藩へ届けられた。四日、今田村の使者が谷熊村へ行って、櫓を返すよう要求したが、谷熊村は「藻草《もぐさ》場に仔細があるから返すわけにはいかない」という。境界をめぐって両村の主張が違うのである。

田原藩・吉田藩とも村同士の話し合い解決を望んだが、うまくいかない。今田村は江戸訴訟にしてもらいたい、と願い出た。翌貞享二年二月十九日、両藩が出て現地調停をしようとしたが、まとまらない。内々の解決はできなくなった。

四月十三日、今田村は江戸訴訟決行を総意によって決め、谷熊村及び吉田藩へも通告した。二十日、田原藩は許可の添え状を発行し、二十二日、今田村百姓四人が江戸へ出立した。日を分けて後から行った者もいた。五月二十三日、谷熊村庄屋、組頭も江戸訴訟を承認した。

七月六日、江戸の評定所において今田村、谷熊村双方呼び出されて対決が行われた。

家老石川半兵衛は、郡奉行安左衛門に書状で松本寺に御祈禱させることを勧めた。郡奉行はそれに同心した。村と村の争いであって、田原藩と吉田藩の争いではないはずだが、藩領の今田村を支援する田原藩としては、どうしても負けるわけにいかなかったのである。

七月二十五日、評定所へ出頭を命ぜられたが、歩み寄りはなかった。改めて八月七日、双方が召し出されて、判決が言い渡された。今田村の勝利である。櫓は今田村へ返され、谷熊村の打ち込んだ境界杭《くい》は、今田村で抜き取ることを谷熊村も了承した。

長興寺領田方水論

享保十年（一七二五）七月八日、大久保村門前寺領入会の一町歩ほどの水田へ引く水を、庄屋に無届けで寺領百姓と御領百姓の数人が仲間になり、寺領池田一段二畝の場へ新規の井道（灌漑用水路）をつけていた、という報告を受けた藩の地方役人は、早速取り調べを行った。

十一日、御領内の首謀者は、佐次兵衛と判明したので、即座に村追放を言い渡した。その上で長興寺へ行って、寺領においても庄屋に従わず理不尽な行為をした首謀者を詮索して、適当な処罰をしてほしいと申し入れた。

ところが当時、長興寺は住職の定住がなくて末寺による輪番制の住持で、この時は他領伊川津の般若寺住職が当番であった。しかも近いうちに龍門寺と交代することになっていた。後退間際で力もないことは、百姓たちにも見透かされていた。そんな時にいざこざは起こしたくない。「寺領百姓の所業は、次の輪番住職に言い付けてください」と答えた。

二十一日にも郡奉行が長興寺に水論に関して寺領百姓の仕置を要求したが、長興寺は動かない。二十六日、佐次兵衛については追放に加えて、家屋敷田地を闕所《けっしょ》（没収）にもした。長興寺末寺の伝法寺、宝蔵寺、龍門寺、慶雲寺が相談して、事件を丸く収めるよう、慶雲寺が使者として長興寺に赴いたが、長興寺は聞き入れない。

田原領内の末寺は心配して宗門評議を開き、岡崎の竜海院、遠州の可睡斎などに相談した。八月七日、長興寺塔中《たっちゅう》の冷照軒が、使僧として藩庁へ出張し、水論の元凶百姓を閉門にしたことを報告したが、それでは甘すぎるとして許されなかった。

もたついている間に、寺領百姓四人が、秋葉山参詣にかこ付けて江戸に出訴していた。これは添え状がなくて受け付けてもらえなかったが、江戸藩邸からの知らせによれば、訴訟状を評定所の目安箱に投げ込む恐れがあるという。

八月二十六日、冷照軒は水論訴訟で寺領百姓が添え状を要求して困るという。寺領百姓の側は添え状獲得に真剣になる。九月に入り可睡斎の添え状を獲得した。そして寺社奉行小出信濃守に訴訟状を提出したが、この水論は地頭裁きだとして却下された。

十一月一日、藩では役人を大久保村へ出張させ、水論の場所を実地検分させた。十三日、申し渡しがあり、関係者に印を押させて水論の出入りは決着した。その結果、佐次兵衛の追放・闕所は解除された。寺領百姓の閉門もほどなく許された。勝手に用水路を作ったことは厳しく非難された。地頭裁きが貫かれ、藩が寺側を押し切った。

その他

『赤羽根町史』及び『渥美町史』に、越戸村と和地村の境界をめぐる争論が載っている。和地村に残された「和地村越戸村、論所一件」という記録には、古くからあった和地村に対して、新興村の越戸村が侵入したために起きた出入りとされている。宝暦七年（一七五七）八月晦日、大廻り役人が来て、二日がかりで現地の見分があり、両村立会いの上、境界線が確認された。

◆2 難破船、寄船、寄荷

江戸時代、貨物の輸送の多くは船に頼っていた。貨物輸送船が難破することもよくあり、大きな問題だった。幕府は難破船への対処の仕方について御触れを出し、藩は幕府の意向に沿おうと必死だった。

難破船問題の発生

海岸線の長い田原藩領には、昔から難破船が漂着することがよくあった。『田原町史』中巻に漂流難破船一覧表が載っている。それによれば、寛文十年（一六七〇）から嘉永二年（一八四九）の百八十年の間に、一七八の船が漂着している。

寛文十一年六月十九日、幕府勘定奉行から田原藩主宛に、次のような質問状が出された。

播州（兵庫県）の松波五郎右衛門★の代官所からの年貢米を積んだ船が、四月十六日に渥美半島の大山沖で遭難し、十七日には船を乗り捨て、年貢米も全部海に捨てた。端船《はしぶね》★に乗って赤羽根村へ上陸しようとしたが、端船が転覆し、船頭・水主《かこ》八人共に海へ投げ出された。赤羽根村の者が早速助け船を出して、船員と端船

▼松波五郎右衛門
播磨国（兵庫県）の幕府領の代官。詳細は不明。

▼端船
本船に対する端船で、大型船に積み込み、人馬・貨物の積み下ろしや陸岸との連絡用として使用する。

を引き揚げたが、赤羽根村の者は、端船や櫓《ろ》、錨《いかり》を荷物でもないのに「十分の一の取り分（荷主の礼金）だ」と言って取ってしまった。しかも、年貢米を拾い上げないし、本船の行方も調べない。これは一体どういうことなのか、詳細を知らせてくれるよう播州代官所の家来衆から仰せ付けられた、というものである。

これに対して田原藩からの回答は、次のようなものだった。

遭難時は風が強く、本船は遥か沖合まで流されて救助できない。船頭は御城米（江戸へ送る年貢米）の送り状を持っていない上に、田原の役人は積み荷を見ていないから、積み荷のことは書けない。浦手形証文★を作る時、船頭や水主に見せて、それでいいということだった。ところが、五月二十六日になって「御城米★三百五十石を積み込んで運んだ」と書き加えてくれと船頭たちが言ってきたが、確認できないことは書けない。錨や端船、櫓も十分の一の取り分としてもらったものではなく、錨は船頭納得の上でもらったもの、端船と櫓は磯へ流れ寄ったものを払い下げてもらったものである。その後は、このことについて何も記録がない。

海難救助の諸問題

延宝二年（一六七四）、大島雲八《うんぱち》★の代官所から江戸御城米を伊勢の船に積んで運ばせた時、船に余裕があったので、他の商い荷物を積み、さらに船頭が私物の商

▼浦手形証文
江戸時代、遭難した船がたどり着いた場合、その土地の役人が、船の破損状態や積み荷の状態を調査して作った証明書。浦証文、浦切手ともいう。

▼御城米
江戸幕府直轄地からの年貢米。後には兵糧米のために幕府・譜代諸藩などに備蓄された米を指した。

▼大島雲八
大島義近か。義近は、領地が美濃と摂津にあった。

い荷物をこっそり積んだ。この船が八月九日夜、越戸《おっと》村の浜辺で破船、海へ捨てた荷物は浮き荷になり、浜の者たちが拾い上げた。ところが、最優先に拾い上げなくてはならない御城米は、波が荒れていたという理由で、一俵も拾い上げることができなかった。

藩の役人は困った。浦手形証文をどう書いたらいいか。幕府をないがしろにして御城米を拾わず、割のいい物だけ拾ったとみなされてしまうと困るからだ。藩の重役たちが集まって協議し、「御城米をないがしろにした嫌疑を受けないため、報奨金をもらわない」「船頭が内緒に積み込んだ違法の隠し荷物も、そのまま記載する。責任は船頭が取ればよい」という方針で浦手形証文を書いた。

この件について、幕府から藩には何も言ってこなかったようである。

延宝四年十二月二十四日、浜田村（田原市六連町）に寄船《よりふね》★五艘があった。二艘は諸事始末して国元へ帰った。残った三艘は、讃岐国塩飽《しわく》港★の船であるという。この三艘の捨てた荷物の残りと拾い上げた荷物を合わせて、無疵に近い二艘に積んで国へ帰りたい。残り一艘は浜辺で修理をしてから帰りたい。浦手形証文を書いてほしいと、船頭たちが願い出た。

田原藩では三艘の積み荷を二艘に積み替えていいかどうかわからなかったが、都合のいいことに浜田村の海岸は幕府領で、牛久保代官所★の管轄地だった。そこで船頭を牛久保代官所へ行かせると、その通り許可が下りた。

▼寄船
「よりふね」と読んで、遭難して海岸に漂着した船を指す。「よせふね」と読めば、江戸時代、街道の渡し場で大通行のある場合に、常備の渡し船を補充するために、隣接する海浜諸村から船を徴発すること。また、その課役。陸上交通の助郷の制度に相当するもの。助船。

▼塩飽港
香川県丸亀市塩飽町。塩飽諸島の人々は、戦国時代、塩飽水軍と呼ばれ、勢力を持っていた。信長・秀吉・家康から安堵され、自治領として江戸時代を過ごした。

▼牛久保代官所
初め幕府領の代官所が宝飯郡牛久保（豊川市牛久保町）にあった。後、代官所は赤坂（豊川市赤坂町）に移された。

翌五年一月十一日の『藩日記』の記事によれば、前年十二月二十四日には赤羽根村海岸にも寄船があった。伊予国宇和島《うわじま》藩★の御用船であった。船頭から破損を修理して鳥羽（三重県鳥羽市）へ行きたいと願いが出た。藩では浜田村の例にならって、浜辺での修理を許可、赤羽根村の人たちは修繕にしっかり協力したようだ。二月二十九日、感激した宇和島藩から白銀五枚と感謝状が田原藩に届けられ、田原藩役人から赤羽根村に下賜された。

延宝九年七月十日、久美原《ぐみはら》村（田原市六連町）から赤羽根村、若見村、和地村海岸一帯に漂着物があった。中でも、若見村・和地村に寄ってきた銀貨（丁銀・豆板銀）★と銭貨、それに銀の延べ板などの漂着物は、三宅氏の田原入部以来初めてのことであったという。郡奉行石川武右衛門は山浜代官に、半年の間は大切に保管するように、また村の老人に金銀銭が流れ寄った先例があるかと聞いてみよ、と言い付けた。その結果、高松村には金銀銭が流れ着いた先例のあることがわかった。藩主が戸田氏だった時代のことである。

報告によると、「三十年以上前に櫃《ひつ》が流れ寄り、死人一人と銀七、八匁《もんめ》があがった。銀は郷中で預かり、期限切れとなったので、役人にお伺いしたら郷中にくださった。さらに万治元年（一六五八）五月頃に小箱が一つ流れ寄り、銀三匁と銭百文が入っていた。定めの通り預かり、期限が過ぎて役人に知らせると、郷中にくださった」という。

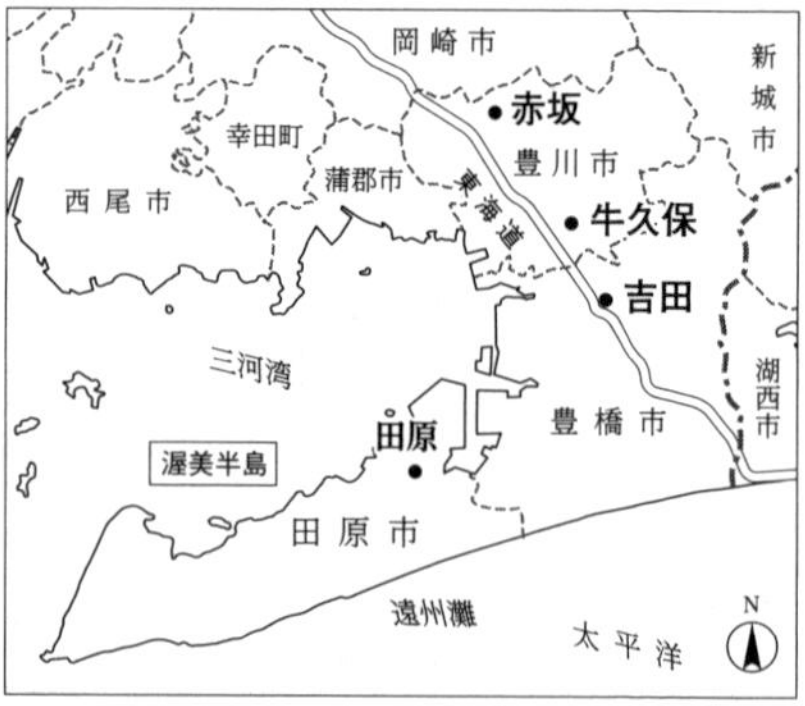

牛久保・赤坂略図

▼宇和島藩
愛媛県宇和島市。藩主伊達宗利。七万石。

▼丁銀・豆板銀
銀貨の種類。

幕府・大藩の寄船・寄荷

元禄三年（一六九〇）一月十三日夜、尾張藩の材木や兵糧米を積んだ船が、和地村の一色浜へ乗り上げ、破船した。乗員は一二人で一人も怪我はない。尾張藩の船ということで、田原藩は特別に気を使い、家老たちの寄合で十分の一★はもらわないと決めて、村人にも徹底させた。しかし、尾張藩の役人が「定め通り渡さなくてはならない」と言うので、結局受け取ることになった。

元禄四年五月二十一日、渥美半島表浜一帯に多くの寄船があった。そのうち、水川《みずかわ》村浜の寄船の積み荷は、幕府の御城米だという。そのことについて、二十三日には赤坂代官所（豊川市赤坂町）の手代が、谷ノ口《やのくち》村を訪れた。船は吉田領城《しろ》下《した》村沖辺りから御城米を捨て始めたが、赤沢《あかさわ》村沖で破船したので乗り捨てた。赤坂代官所手代が指揮して、捨てた米俵を西側の城下村沖までも拾い上げさせたが、数が少なかった。田原領からも拾い上げるための船を出してほしいと言われ、田原藩は何でも協力するという姿勢で、船二二艘を出した。

取り上げた米俵が船に積んだ数よりも少ないまま、赤坂代官所★は不足分は行方不明ということで浦手形を作成し、田原藩へも浦手形への捺印を求めてきた。幕府勘定奉行に抜け荷の疑いをかけられると困る。谷ノ口村の海岸は赤坂代官所の

▼十分の一
近世の遭難荷物拾い上げの際の褒賞制度の一つ。御城米はじめ商人荷物に至るまで、すべて海底に沈んだ荷物を引き揚げた者に対して、その何分の一かを荷主から与えるもの。引き揚げの難易度によって、割合が異なった。

▼赤坂代官所
豊川市赤坂町。三河国の幕府領を支配するための代官所が、牛久保から赤坂に移っていた。

管轄、陸地は田原藩領だった。海のことだから、田原藩は関わりたくなかったが、かたくなに拒否することもできず、藩の重役が考えた結果、浦手形への加判ではなく、独自の証文として、「先例にはないが、相手が望むので、このように証文を出します」と付け加え、重役ではなく地方役人が加判するという形式を取った。

同年十月二十六日の晩、大坂富田屋船が破損して若見村海岸に上がった。積み荷の赤金（銅）は、幕府の大切な荷物だった。沖合の海底を掻《か》いたものの、二個引き上げただけだった。幕府のため一生懸命に探したとわかってもらいたいと、田原藩は必死だった。この年は幕府船の遭難が二回もあったのだ。

延享元年（一七四四）三月五日、大草村、高松村、越戸村、和地村より破船届けがあった。いずれも遠江国掛塚《かけつか》★の材木を積んだ船である。久美原村へ六日までに三一本の材木が流れ寄り、そのうち「御用」と印を押したものが八本、「御用」と書き付けたものが二本あった。六日、浦回状が回って来て、遠江国掛塚から積んできた、日光御用の檜《ひのき》であることがわかったので、火災にあわないよう、大切に保管した。八日には御用木の積船が尾張国篠島に停泊中であることがわかり、早速船で運んだ。他の村への寄荷に御用木が紛れ込んでいないか、しっかり調査した。難破船をめぐる田原藩の動きを見ると、幕府に疑いを抱かれないよう、幕府によく評価してもらえるように、と必死だったことがわかる。

▼掛塚
静岡県磐田市。掛塚港からは、天竜川上流で切り出された御用材、中期以降は民間材が、船で江戸をはじめ所々に運搬された。

高松海岸

③ とんだ災難——上方の殺人犯、松本寺に隠れる

旅人を気の毒に思い、一晩泊めてやったら、上方で殺人を犯して逃げて来た者だった。さあたいへん、松本寺はとんでもない事件に巻き込まれてしまった。この上方での事件は、幕府の判例集にも載っている。

見知らぬ旅人の宿泊

貞享三年（一六八六）十月三日の報告である。同月一日、青津《あおづ》村★松本寺《しょうほんじ》★へ十六、七歳の刀を差した小姓と二十歳位の女と小者の三人が、乗りかけ馬★でやって来て、荷物を降ろすと馬を帰した。そして、「上方から来た者だが、こちらに石山寺《いしやまでら》★からきている僧はいないか」と聞くので、住職が「ここにはいない」と答えた。すると、「もう日暮れも近いから今晩泊めてほしい」と言うので、住職は「他所者を泊めることは禁止されているからできない」と断った。

この後のことについて住職は、当初は他所者を泊めたこと、また報告が遅くなったことを咎められるのではないかと心配して、本当のことを言わなかった。

しかし、郡奉行や家老と話して処罰されないという感触を得た住職は、藩の寺

▼青津村
田原市神戸町。神戸十郷の一つ。十郷がそれぞれ村であったが、一括して神戸村と呼ぶ場合もあった。明治十一年、神戸村の一部となる。

▼松本寺
田原市神戸町にある真言宗の寺。

▼乗りかけ馬
江戸時代、道中馬の両側に明け荷という葛籠（つづら）二個を渡してその上に蒲団を敷いて人が乗ること。

▼石山寺
滋賀県大津市石山にある寺。初め東大寺に属したが、平安中期に真言宗に改宗。朝廷の信仰篤く、貴族の参詣が盛んで武家時代に及んだ。

社奉行の詳しい調査に対して、それまでと違うことを話した。実際は、禁止されているからと宿泊を断ったが、一晩だけならいいかと思い直し、観音堂で寝ることを許した。気の毒に思って三人に夕食を与えた。二日の朝も食べさせた。昼時分になってもいるので早々に立ち去るように言い、夕方近くになってもまだいたので、再度立ち去るよう催促した。そのうち知らない間に、どこかへ行ってしまった。葛籠《つづら》（衣服などを入れる箱型のかご）一つ置いたままだった。

思いもよらない保管責任

その日、追手の者が三人やって来て言うには、「この小姓は三井《みい》寺《でら》★善見坊《ぜんけんぼう》という寺で住職の世話になっていた者だが、その住職を打ち殺してしまった。同行の女は大津で遊女をしていた者だ。我らは方々手分けして探している」ということだった。住職は「一泊させたことは事実だが、今はいない、どこへ行ったかわからない」と告げ、置いていったつづらを見せた。中身は小袖《こそで》などだった。

六日、再び追手の三人が松本寺へ来て、欠け落ち人（出奔者）の遺留品であるつづらの管理を松本寺に頼み、「これ以上村々を尋ね歩いても、何も得られないだろう。旅費も乏しくなったので三井寺へ帰る」と言って帰っていった。

そんなところへ、田原から京都へ使いに行っていた足軽の又左衛門が帰って来

▼三井寺
園城寺。滋賀県大津市園城寺町にある天台宗寺門派総本山。貞観年間に円珍が延暦寺別院として再興。正暦四年（九九三）延暦寺内の円仁門徒と円珍門徒の対立から分離。以来、抗争が相次いだが、朝廷の信仰篤く、栄えた。

て、京都の噂を話した。「三井寺の脇寺の坊主を小姓と中間《ちゅうげん》（小者）とで刺し殺し、傾城《けいせい》（遊女）を連れて欠け落ちした、という噂を京都で聞いた」と。それで、松本寺へ欠け落ちして来た者も追手の三人組も、本物と確信できた。

二十日、三井寺から僧が二人、松本寺へ来た。松本寺の住職が二人を連れて郡奉行宅へ行くと、三井寺の僧は「自分たちは追手ではない。万事お礼のために伺った。遺留品は事件が解決するまで松本寺で保管していてほしい」と言った。松本寺は遺留品の保管という重責を負わされることになってしまった。

実は、その五日前の十五日、松本寺から三井寺へ手紙を出していた。三井寺の僧は手紙と行き違いになり、松本寺へ来ていたのだ。手紙は「荷物を保管するために番人をつけているが、たいへん迷惑だ。早く荷物を受け取りに来てほしい」という内容だった。その後、三井寺から返書が来たが、荷物を取りに来るとは書いてなかった。

十一月十五日、松本寺は、先日三井寺からやって来た二人へ、再び荷物受け取り催促の手紙を出した。返書が来たが、「不義者が信州（長野県）の方へ逃げたと聞いたので、信州へ行って方々探したが、行方が知れず、三井寺へ帰って来た。この事件は、京都奉行所へ知らせてあるので、不義者の親兄弟は牢屋入りとなった。松本寺にある不義者の荷物の取り寄せも、御奉行所へお伺いしたいけれども、まだ不義者が捕まっていないので難しい」ということだった。犯人逮捕が先

松本寺
本堂は、火災にあって焼失したままになっているので、古写真（田原市博物館所蔵）を掲載。

で、その後でないと遺留品を動かせない。紛失したら松本寺の責任問題になるので、番人をつけなければならない。いつ解決するのかわからない。神経の使いようも費用も、たいへんであった。

不義者、逮捕される

十一月二十八日、江戸の藩邸から知らせがあった。「三井寺の不義者は捕らえられ★、幕府の牢屋へ入れられた。松本寺へ不義者がやって来た時のようすを、江戸で聞かれるかもしれない。その時のようすを詳しく書いて、知らせてほしい」ということだった。しかし、以後の記事はないので、聞かれたかどうか、わからない。なお、この犯人は翌年磔《はりつけ》にされ、家族・親戚に厳しい縁坐《えんざ》が適用された。

さて、欠け落ちした三人が、なぜ田原へ来て、松本寺に立ち寄ったのだろうか。田原への経路であるが、大津から東海道を吉田まで来たのなら、渥美半島へ入り込むのは、不自然である。大津から伊勢方面へ行って、船で渥美半島へ渡ったと考えるべきだろう。松本寺へ来た時に乗っていた馬は、夕方荷物を降ろしたらすぐ帰しているので、徒歩でやって来たが、疲れたので半島のどこかで一時的に馬を頼んだのだろう。追手を避けて逃走するなら翌日早く発つ方がよいのに、夕方近くまで松本寺にいたのは疲れを取るため、と考えれば理解できる。

▼不義者は捕らえられ
武蔵国蕨（埼玉県蕨市）で捕縛された。この事件は、元禄以前に江戸町奉行所が扱った事件の分類判例集『御仕置裁許帳』に記載されている。

これも田原

犯罪と処罰あれこれ

『田原町史』中巻に、犯罪と処罰のたくさんの事例が出ている。そのうちのいくつかを取り上げてみよう。

盗人に宿貸して死罪

天和二年（一六八二）七月二十一日、与左衛門という者が、先年咎《とが》を受けて追放となり、領内徘徊を禁止されていたが、こっそり田原に戻り、片扶持中間《かたふちちゅうげん》（雑務に従事する下級の者で、見習い期間の者）の長三郎の家に寝泊まりし、作物の盗みなどを重ねていた。また長三郎の女房も、作物を盗んでいた。そして与左衛門はどこかへ逃げてしまった。

八月二日、長三郎は手錠首枷の上に牢屋へ入れられ、女房は五人組預けとなった。女房についてはその後の記事がない。二十六日、檀那寺の野田村西円寺が命乞いに行ったが許されず、十一月二十九日、斬首の刑に処せられた。長三郎本人は悪いことはしていないのだが、役人は罪を長三郎にかぶせ、さらに田原町庄屋は、呼び付けられて叱られた。普請奉行の手代吉左衛門は、盗人に加担していたが、謝罪で済んだ。

不義密通者の男女打ち首

宝永五年（一七〇八）三月十五日、田原藩士横井市左衛門の妻と藩の舂屋《うすや》賄《まかない》（藩の穀物を精製する役）小沢角右衛門の倅、浅右衛門が、密通していることがわかった。市左衛門は浅右衛門に切り付け、妻を追いかけたが、父親に止められた。浅右衛門は傷を負ったが、命は無事だった。藩の裁断で、不義者両人が打ち首となった。

盗みの博徒五助斬罪

久次郎の世話になっていた杉山村出身の五助は、普段は日雇いをしていたが、正徳五年（一七一五）八月二十六日、農事手伝いに行った帰りに、九太夫方にあった麦、粟二俵を盗んで、久次郎宅に隠しておいたのを九太夫が見つけた。五人組が中に入って返済させ、事が済んだと思われた。

この一件が藩の役人に知れ、役人が吉田町へ出向いて、潜伏中の五助を召し捕り、牢屋へ入れた。十月二日、五助の吟味が行われたが、黙秘したため、水責めの拷問にかけたところ、白状した。盗みの他、とばくなどの余罪も発覚した。七日、五助の口述を確かめるため、五人組の立ち会いの下に関係者の取り調べが行われた。

犯人五助は吉田藩領の者なので、十月十一日に田原藩から吉田藩郡代へ届け状を出した。杉山村の五助に仕置を申し付けた、御隣領だからお知らせする、という内容で、許可を求めたものではない。

十月十二日、関係者の処罰が行われた。貸金のかたに五助を二、三日日雇いに使った与次右衛門は無罪。五助は博奕《ばくち》を打ったというが、その覚えがなく、宿も貸さなかった平三郎は無罪。麦、粟を盗まれた九太夫は、法を破り悪事を内済にしたとして閉門。妻が杉山村の出身のため、頼まれて五助と二、三度カルタを打った徳平は追放。五助の世話、作男の口入れなどをしたが、宿は貸さなかった久次郎は追放。三人の追放者の家屋敷・家財は闕所《けっしょ》（没収）とし、庄屋、組頭が改めて接収管理するよう申し渡された。同日、追放者は足軽二人ずつをつけ、今田橋から他領へ送り出された。

五助は死罪となり、同日、刑場において斬首に処せられた。十四日に吉田郡代の返書が、杉山村から町庄屋まで届いた。「五助は久世大和守様の御代に宗門人別帳から除籍した者である」と書かれていた。これで吉田藩とは関係ないということだが、この返書が届く前に処刑していた。

十月十六日、九太夫は檀那寺当行寺の御詫び願いにより、閉門の刑を解かれた。

隠し田を自首して閉門

享保十年（一七二五）三月十八日、加治村の井道（灌漑用水路）見分があり、検地が行われた。百姓新六は自分の隠し田が露見するのを恐れて、十九日に自首して出た。この隠し田は、数代以前に売り払った所だが、その後買い戻して、一代も二代も前からそのままになっていたものである。

藩の評議の結果、申し渡しがあった。自首したことにより「御宥免を以って」と言いつつ、閉門を仰せ付け、田地は取り上げとなった。加治村庄屋八郎右衛門も、地積吟味不行届きのかどにより閉門となった。

加治村浄光寺、志田村浄蓮寺の願いにより、三月二十七日、八郎右衛門の閉門は許された。四月十四日、浄光寺、浄蓮寺の再度の慈悲願いにより、新六の閉門も許された。

田原藩領内における隠し田の処罰は、この一件だけである。

新築牢初入りの死罪減刑

寛延二年（一七四九）七月九日、この間から和地村より赤羽根村辺りを遠州（あるいは尾州）牢人と言って、木綿の反物《たんもの》を着て粗末な太刀を一腰差して物乞いに回っている子連れの者がいる、という話が代官の耳に入った。足軽二人を派遣して調査させると、意外に気弱な男で吉田へ向かう途中野宿もできず、御情けある方に一宿頼んで、行く先の目あてもないという。領外の城下村へ追い払った。博奕《ばくち》の常習者らしい。

十二日、他所者が入り込んで宿泊したことを届けなかった庄屋らは、お叱りを受けた。今後見知らぬ者が徘徊したら、貝を吹き、百姓共を集めて棒で固めて、役所へ届け出るよう命令した。

ところが、十日に越戸村庄屋方で取り調べ中にこの牢人が捨てた書付が、庄屋方の便所で見つかった。沿海の村々の金持、博奕宿、博奕打ちの名が書かれていた。そこで二十六日、博奕宿や博奕打ちと書かれた者が取り調べを受け、処罰された。

三十日、特に罪が重いとされた半兵衛は死罪と決まった。ところが牢屋建築の大工棟梁が、新築牢舎初入りの死刑囚は死罪を免ぜられた先例がある、と申し出た。これは許可されなかったが、八月一日、大工、木挽《こびき》たちが連名で正式に願い出た。藩ではそれを聞き入れて、半兵衛に追放を申し渡した。半兵衛は縄付きで今田境橋まで送り、縄を解いて天津《あまつ》畷《なわて》の方へ追い払われた。

④ 芭蕉の保美村訪問と田原の俳諧

松尾芭蕉は江戸と郷里伊賀とを行き来していたが、田原藩領内に足を踏み入れたのは、貞享四年（一六八七）に杜国を訪ねた時の一往復のみである。直接的な影響は不明だが、その後、田原方面において俳諧が盛んになった。

芭蕉、渥美半島へ

貞享四年（一六八七）十一月、俳聖松尾芭蕉《まつおばしょう》が『笈《おい》の小文《こぶみ》』★の旅の途中、渥美半島へやって来た。『藩日記』は、その年のものが欠落しているため、地元側の史料はない。松尾芭蕉が著した『笈の小文』等によって筆を進めよう。

貞享四年十月、芭蕉は江戸を出発し、一人徒歩で東海道を西へ向かった。吉田《よしだ》（豊橋市）を通り過ぎて鳴海《なるみ》や熱田《あつた》（名古屋市）まで行き、近くの門人たちと数日過ごした。その間に愛弟子坪井杜国《つぼいとこく》★のことが話題になったのだろう。杜国は、名古屋の米商人の家に生まれ、空米売買（米の先物取引）の罪により尾張領内から追放となり、渥美郡保美《ほび》村（田原市保美町）に隠棲していた。

その杜国を訪ねて東海道を吉田まで戻り、保美村へ行こうということになった。

▼『笈の小文』
松尾芭蕉著。貞享四年（一六八七）十月、江戸を出発し、郷里の伊賀で越年して、坪井杜国と畿内の歌枕巡礼に興じたことが書かれている。

▼坪井杜国
尾張名古屋の米商人。貞享二年（一六八五）、空米売買の罪により尾張藩領内追放。当時、三十歳前後。元禄三年（一六九〇）没する。墓は、潮音寺にある。

門人の越人《えつじん》（越智十蔵。越後の出身で、名古屋住まい）が馬を用意して、芭蕉と越人の二人で十一月十日、鳴海を発ち、二人で吉田に一泊した。芭蕉は、江戸を発って鳴海へ行くまでは一人だった。越人と二人になったことが、よほどうれしかったのだろう。芭蕉は「寒けれど二人寝る夜ぞ頼もしき」と詠んだ。「ご（松葉）を焼《たい》て手拭《てぬぐい》あぶる寒さ哉」も、その時の句である。

翌日、天津《あまづ》畷《なわて》（豊橋市杉山町）で芭蕉は「冬の日や馬上に氷る影法師」と詠み、寶林寺《ほうりんじ》に句碑がある。芭蕉は何度も推敲したので、書物によっては「すくみ行くや馬上に氷る影法師」とあり、龍泉寺《りゅうせんじ》★の句碑は、これを採用している。寒いので田原で酒を買って飲んだのだろうか。野田村（田原市野田町）から宇津江《うづえ》村（田原市宇津江町）へ行く間の坂道で、越人が馬から落ちたといい、芭蕉は「雪や砂馬より落ちそ★（落ちよ）酒の酔」と詠んだ。江比間（田原市江比間町）の句碑公園に句碑がある。江比間を「酔馬」とも書くことから、酒落を詠んだとも言われ、越人が実際に馬から落ちたかどうかは不明である。

保美へ着いて杜国と会うと、芭蕉は「麦生《は》えてよき隠れ家や畠村《はたけむら》」「梅つばき早咲きほめむ保美の里」等の句を詠んだ。潮音寺《ちょうおんじ》★には三人で詠んだ師弟三吟の句碑がある。三人で伊良湖へ行き、芭蕉は「鷹ひとつ見つけてうれしいらご崎」と詠んだ。季節外れであり、その鷹をめぐってはさまざまな議論がある。

芭蕉が渥美半島にいたのは、わずかな日数で、十一月十六日には鳴海に戻って

▼寶林寺
豊橋市杉山町にある曹洞宗の寺。境内に天津畷で詠んだ芭蕉の句碑がある。

▼龍泉寺
田原市田原町にある浄土真宗の寺。境内に天津畷で詠んだ芭蕉の句碑がある。

▼落ちそ
書物によって「落ちよ」とも「落ちそ」ともある。句碑公園の句碑は「落ちそ」。

芭蕉句碑（江比間句碑公園）

▼潮音寺
田原市福江町にある曹洞宗の寺。境内に杜国の墓碑があり、その横に芭蕉・越人・杜国の師弟三吟の句碑がある。

いる。田原藩領内での記事といえば、宇津江坂だけである。なお、芭蕉が伊良湖へ行ったのは、杜国を訪ねて保美へ行ったから、そのついでという説明には、不思議な気がしないでもない。芭蕉は歌人の西行《さいぎょう》★を敬愛し、西行の足跡を訪ねる旅をした。西行は伊良湖で鷹の歌を詠んでいた。杜国のことがなくても、伊良湖へ行きたい気持ちはあったはずだ。計画していたのなら、尾張へ行く前に寄ってもいいが、そのあたりの事情は不明である。

田原の俳人・泉石

芭蕉が田原に及ぼした直接的な影響はわからない。

田原の俳人として『田原町史』は、第一に芭蕉と同時代の泉石《せんせき》（一六四九―一七三一）を挙げ、「芭蕉俳諧前の貞門派や談林派には、この地としては関係ないようである」としている。その泉石については、山田哲夫「西光寺の俳僧泉石（門証）上人のこと」（『田原の文化』第38号）に詳しいので、これに従ってみたい。

泉石は神戸《かんべ》村（田原市神戸町）新美《にいのみ》の浄土真宗西光寺《さいこうじ》の第八世住職で、安慰院門《あんいいんもん》証《しょう》という。泉石は俳号である。慶安二年（一六四九）に遠江国周智郡山梨村（静岡県袋井市）の浄土真宗正福寺《しょうふくじ》に生まれ、後に西光寺の養子となった。没年は享保十六年（一七三一）、八十三歳であった。西光寺に墓があり、墓碑に「辞世　泉

師弟三吟の句碑（潮音寺）

▼西行
『新古今集』の代表的歌人の一人。俗名佐藤義清。鳥羽上皇の北面の武士だったが、二十三歳の時出家して諸国を行脚。歌集『山家集』。一一一八〜九〇。

石」として「一法句ひらく扇や花の春」と刻まれている。

芭蕉が田原を通過した貞享四年（一六八七）に、泉石は三十九歳だった。西光寺へ芭蕉が立ち寄ったかどうか、確実な証拠はない。

泉石は田原城主三宅康雄《やすお》（城主在任一六八七―一七二六）の時代に、城中でたびたび開かれた俳諧の会に出席しており、田原藩で俳諧の指導者的な立場にあったらしい。泉石が『田原藩日記』に初めて登場するのは、元禄十四年（一七〇一）の七月二十一日の条である。この日俳諧の会があったとして、出席者五人の最初に名が挙がっている。この年、泉石は五十三歳であった。

以後、年とともに登場する頻度が高くなる。享保元年頃からは、毎月恒例の行事のように俳諧の会が催されており、泉石はこの会の中心的指導者の立場にあった。城中での俳諧の会の記録は、享保八年までだが、泉石はその後も享保十四年に暇乞いするまで、機会あるごとに花見や月見の宴に招かれ、登城している。

『茶草子』★という俳諧撰集が、元禄十二年（一六九九）に刊行された。その中で泉石は、いまだ芭蕉門下の人々の中には入っていない地方俳人の一人として扱われている。芭蕉が保美の里を訪れてから十二年後である。

西光寺

▼『茶草子』
元禄十二年（一六九九）刊行。芭蕉の句を巻頭に、俳諧の発句二百七句と、連歌のように三十六句を詠む形式のものを所収。そのうちの発句作品の中に田原の俳人たち七人が四カ所に載っている。

第四章 江戸後期の財政窮乏と藩政改革

領民・藩士の貧困、持参金付養子、人材の育成、財政難の打開策。

田原城本丸跡地（現巴江神社）

① 領民と藩士の苦しみ

東西に細長い渥美半島には大河がなく、耕作は雨水や小さな溜池に頼りがちだった。石高一万二千石には浮高（漁獲高）の一部も含まれており、不漁や日照りなどに左右されるため藩財政は困窮し、領民や藩士にも重たい負担がのしかかった。

表浜村々の貧困

渥美半島の太平洋側（通称表浜）は、南高北低の地形と砂礫層からなる地質のため、地下水に恵まれず、水不足に悩まされ、米作はあまり振るわなかった。漁業が盛んな地域で地引網が行われていたが、宝暦頃から不漁で船数の減少や網潰《あみつぶ》れの記事が藩日記に記録されている。天明三年（一七八三）十二月九日の藩日記には、半農半漁で生計を立てる表浜の村々で、年貢皆済が困難になった三つの村のようすが、次のように記されている。本前村《もとまえ》★では副収入源の漁業が不振で、年貢の上納が滞りがちだった。通常は村役人が年貢を取りまとめて上納するが、それができそうにないため、藩は代官の手代を本前村に入れて、一軒ごとに付《つ》け立《た》★てし、村が離散、破産同然になっても、規定の年貢を徴収しようとした。

高台の続く表浜

▼本前村
谷ノ口村の枝郷。本田高百三十七石、石代金七両三分　家数四一軒。

▼付け立て
年貢の納入は、村の庄屋の責任で一括納入する慣行だったが、庄屋がやらないので、代官手代が一軒一軒の年貢納入額を定めて、個々に納入させようとした。

浜田村《はまだ》★も同様に困窮し、この暮に維持費のかかる二つの網を止めた。網元も網子も漁を続けていくことができないので奉公に出たいが、領内では仕事がないので、近村他領（吉田藩領など）へ働きに行きたいと願い出た。しかし、これは禁止されていることなので、今まで以上に田畑で精を出して働くように命じた、と記されている。

同じく高松村★に対しては、畑村★の豪農・豪商から借金をしてでも年貢を金納することを命じ、その借金の質物にするために、庄屋の米、鍬下米★をあてよと説いている。生活に窮して年貢の上納ができない場合には、藩は年貢の減免を考慮するのではなく、他領の豪商から金策をしてでも年貢を完納せよと迫っていたわけである。

藩日記の十二月二十三日の条に、本前村の実態がさらに記されている。

本前村では年貢米七石九斗余が不足し、上納することができなかった。それで藩の役人は、庄屋孫左衛門、組頭伊助と百姓代★を城下へ呼び出し、庄屋・組頭を村へ返さないで拘留し、町宿★預けになっている事実を、惣百姓たちに知らせるため、百姓代を村へ帰している。

同二十六日の記事によれば、本前村を含む表浜十カ村★からなる組合村神戸村の庄屋一同が、農業専一に励み、年貢についても油断なく納めるのでお許し下さい、と藩役人へ嘆願した結果、本前村の庄屋と組頭は、三日間の拘留の後、帰村する

▼浜田村
本田高二百二十一石、新田高四十七石、石代金二一両　家数一一二軒。

▼高松村
本田高千三百十八石、新田高二百八十六石、家数三九四軒。

▼畑村
畠村とも。渥美半島先端部の中心的な村。大垣新田藩の三河一一カ村を束ねる陣屋が置かれていた。現在の田原市福江町。

▼鍬下米
開墾中の土地に対して一定期間免除された租税分の米。

▼百姓代
村方三役の一つで、庄屋、組頭の監視役に選ばれた村民の代表。

▼町宿
訴訟などの被疑者を収容する宿。

▼神戸村十カ村
神戸郷という新美村・志田村・赤松村・青津村・滲田村・市場村・谷ノ口村・本前村・水川村・東ヶ谷村が連合した組合村。

ことができたのである。

近世後期には幕藩体制下の領民支配の全国的な傾向は、領主側のあらわな暴力性が姿を消し、村請制★のもと、農民たちは緩やかな支配で守られていた、とする見解が近年の通説である。しかし、藩財政の慢性的な困窮に苦しむ田原藩は、天明の頃になっても厳しい年貢の取り立てを行っていたようだ。

藩士の貧困

士農工商の身分制でありながら、経済的には武士と豪農・豪商との上下関係が、逆転している場合も少なくなかった。藩日記には、藩御用金三三〇両を領内七人の百姓に申し付け、「上納不足の高松村と越戸《おっと》村の百姓二人を閉門とする」とか、「村送りの触書に油シミをつけたかどにより押込《おしこ》めにする」など、武士が百姓に強硬な態度で接した記事が見られる。その反面、豪農や豪商の上納金に頼らなければ、城の修理や参勤交代の出費も事欠く状態だったので、中下級武士たちは、自分の家屋の修繕★もできず、服装も見苦しい状態だった。それなのに、百姓には強権的な姿勢を取らなければならない立場に追い込まれていたのである。

では、藩の財政はどんな状態だったのだろうか。『田原町史』(中巻)には、やや安定していた元禄~宝永頃の藩の平均蔵入高と経常費が紹介されている。

▼村請制
年貢の納入や検地、法令遵守などを、各村の責任で行わせる江戸時代の農民支配のシステム。

▼家屋の修繕
身分に応じた家屋は、藩から与えられるが、修理願いが多く出されているところから、古く傷んだ家屋が多かったようだ。

蔵入総収入　　二万二六五九俵二斗一升七合
支出総合計　　二万一五七五俵一斗八升二合
収支差引残高　　米　五八四俵三升五合

支出内訳は、家臣給一万一三八三俵、江戸屋敷雑用金・参勤費用・江戸積み船賃・家臣旅費など七〇七五俵、嫡男三宅康雄の藩主就任関連費用など三一一七俵である。この経常収支を見る限り、収支のやりくりが何とかできていたように見える。しかし、『田原町史』の年表には、たびたび借金した御用達商人を城内に招いて饗応する記事が見られる。経常収支では何とかやりくりできても、突発的な臨時の出費があると、たちまち行きづまる。幕命により江戸城門の護衛番や日光祭礼奉行を拝命したり、火災で藩の屋敷が焼失したりすると、大きな赤字をかかえることになった。このような場合の金策は、もっぱら御用達などの城下の豪商に頼ったのである。こうして藩財政は、慢性的な赤字に陥り、その負債総額は、天保十年（一八三九）には四万一〇〇〇両に及んでいた。

天明元年（一七八一）十二月に出された藩主の通達書には、「御家中の者ども困窮の上ながらも、唯今までの御引米残高の内、なおまた壱割御引米の増加を命ずる」とある。藩士に対し従来の引米（減給）に加えて、さらに一割の引米を実施し、田原藩の財政支出の引き締めを行おうとしたのである。

同じ年の藩日記には、領内御用達商人伝兵衛《でんべえ》、佐右衛門《さえもん》、六太夫《ろくだゆう》、甚十郎《じんじゅうろう》、彦右衛門《ひこえもん》、庄七《しょうしち》、問屋善左衛門《ぜんざえもん》、極楽新田元〆善四郎《ぜんしろう》、野田村彦左衛門《ひこざえもん》、赤羽根村庄八郎《しょうはちろう》等一〇人と、宝飯郡御馬村の商人渡辺丁助らを田原城の御用部屋へ招き、料理を出した記事が見られる。おそらく藩の財政資金を補うために、これらの商人を饗應接待し、多大の借金★をしたものと思われる。

これ以後、他家からの持参金付き養子の藩主就任、人材養成のための藩校設立、藩士の給与体系の格高分合制（従来の家禄に職務給を加味）への転換、一万石程度の手当てが支給される大坂加番★の願い、後述する義倉《ぎそう》の設置や商品作物の導入、蝦夷地《えぞち》開発計画、交易を盛んにするための洋式船の建造などの田原藩の政治改革は、いずれも藩財政の建て直しのための方策といえよう。

天明期から天保期にかけて頻繁に出された倹約令★には、「音信、贈答、土産、餞別等は、軽重によらず停止」という文言がたびたび見られる。藩士どうしの贈答は、不要な出費が生ずるとして禁じられていたようだ。中下級の武士は、武家社会の潤滑油だった贈答儀礼を行うこともできないほどに、余裕のない生活を強いられていたのである。

藩士の御救い★

天保八年（一八三七）十二月十九日朝、中小姓の土井古右衛門と村上範致《のりむね》★が、

▼借金
領内の豪農・豪商、大坂商人からの借金は、三宅氏田原入封後、ほどなく始まったようだ。

▼大坂加番
大坂城にある青屋口、雁木坂、山里、中小屋の四つの城門口を守備する役で、四人の小大名が任命された。期間は一カ年。常任ではないから加番という。

▼倹約令
天明期から文政十三年までの間に「定」とか、「被仰出之覚」など、藩首脳部から家中への下達文書が、一五回も出されている。そのすべてに倹約奨励、引米が記されている。

家老の下で藩政全体を取り仕切る用人市川茂右衛門宅へ出かけ、中小姓・供中小姓一同に金三両宛《ずつ》拝借したいと願い出た。中小姓・供中小姓は、士分の中では中位以下の家格である。天保八年の「田原江戸御家中分限並席次」によれば、家中一九六人のうち約半分の一〇一人が士分で、その下に徒士《かち》、足軽、小役人、坊主などの軽輩がいた。中小姓・供中小姓は席次六〇～九〇番くらいにあり、役職としては近習《きんじゅう》役、納戸《なんど》役、勝手元〆《かってもとじめ》、地方代官、中目付、蔵方《くらかた》役などがある。近習は、藩主の身辺警護やお供、話し相手などをし、藩主に万一のことが発生すれば、身命を投げ出して護衛する役職である。他にも会計、物品管理、村方の行政、年貢の徴収などの実務を分担し、玄関番、門番も交代で務めている。そんな役職に従事した彼らが、金三両の借用を用人の役宅へ申し出ることは、まさに異例の事態だった。

こんな状態からの脱皮を求めて、土井と村上が持参して用人の市川茂右衛門に嘆願した書状の要旨は、次の三項目である。

①厳しい倹約生活のため日常の必需品を売りに出し、武具の修理も繕い物の手当てもできず、式服にも事欠くほどに、われら武士の家計は火の車である。それ故、金三両の拝借をお願いしたい。

②再度の二人扶持は、武士にとっては飢饉と同じである。農民は天の理を得て耕し、藩士は主君の恩恵を受けて出勤する。それ故、今どのような減禄を仰せ付

▼藩士の御救い
「藩士の御救い」という言葉を用いたのは、天保の飢饉での義倉設立など、「御救い」が農民に対して行われたものの、その建設や救恤に働いた武士に対しては、まったく救済処置が取られなかったことを指している。当時の田原藩士は、すべて二人扶持にすえ置かれた。

▼村上範致
天保八年席次表によれば、中小姓土井古右衛門は六四番、村上範致は六六番だった。範致は意欲的な性格だったようで、江戸詰の役にもれた天保六年参勤出立の時、同役に加えてくれるよう四回も嘆願した。その結果、願いが叶い、江戸に出て藩務のかたわら剣術や学問に励むことができた。一八〇七～七二。

けられても、一言の嘆願も申し上げずに精勤するのが、誠の忠臣といえるかもしれない。しかし、武士が鎧や礼服を失ってしまうことは、農民が農具を捨て家を閉じてしまうのと同じで、もはや武士としての体面を保つことができなくなる。武士は窮すといえどもその職分を守り、主君の恩恵に命をかけて報いるもの、と自覚してはいるけれども、忍耐にも限度があると考える。

③町人からの積み重なった借財★は、年々の減禄のために返済が停滞し、いくつか店を取り替えた末に、融通してもらえなくなった。町人に義理を欠けば、彼らは武士を信用しなくなり、藩主の御威光はうすれ、私たちも藩士としての面目を失うことをご理解いただきたい。

土井と村上は、処罰を受ける危険も覚悟して、直談判《じかだんぱん》したのである。財政が逼迫しているとはいえ、藩の首脳部も、この金三両宛拝借の願書を門前払いにするわけにはいかなかった。中小姓・供中小姓の者一人一人に、在庫の米を一俵ずつ貸すから、それを自分たちで特に暮らし向きが困難な者に配分するように、と応答した。しかし、中小姓たちの納得を得られず、妥協点を見出せなかった。それで、財政担当で金策のために在坂中の真木定前《さだちか》★の帰藩を待って、天保九年（一八三八）閏四月二十一日に、次のような藩側の回答を示した。

一、帯刀を許された武士は、死の危険にさらされても刀を手放してはいけない。

一、武具・礼服については、生活が苦しくて手放さなければならなくなった場

▼町人からの積み重なった借財
藩としての借金ではなく、家中の武士の私的な借金と思われる。

▼真木定前
通称重郎兵衛（じゅうろうべい）。勝手総元締。家老と用人の中間に位置する格。崋山の腹心として藩の財政分野で活躍。崋山が最も信頼した部下であり、定前も崋山を慕っていた。復統問題や救恤対策でも、崋山の意を汲んで活躍した。一七九七〜一八四四。

合には申し出よ。本当の困窮者に対しては藩が援助する方針だ。武具と礼服は武士にとって必要なものだからだ。人と時と場合に応じて藩は援助する。

一、家財の中で不要の品を売り払うことは、当然至極のことである。

回答の三箇条では金三両の借用にはまったく触れていない。極度の困窮者に対して個別の対応をするという内容である。武具や礼服は生活苦で手放さざるを得なくなったら申し出よというが、田原藩士は武器をどのくらい保持していたのだろうか。

天保七年九月二十一日、西三河で天保の飢饉と米価高騰で苦しむ農民が、世直しを求めた加茂一揆が発生した。参加した農民は七町二四〇カ村、幕領・五藩領・一九旗本領にまたがり、一揆参加者は一万人を超えると推定される。岡崎藩家老より同二十二日「百姓共が徒党し、容易ではない騒ぎ立ち」になった旨伝えてきた。三河国諸藩間には〝御同国〟という意識があり、異国船襲来やのっぴきならない騒動の時には助け合う間柄になっていた。鎮圧軍★の増強のために田原藩にも、一定の人数の動員がかかることが予見された。

藩は各藩士へ自宅に所持の武器を、書き出して置くようにと命じた。藩士全員の調査結果はわからないが、前出の中小姓村上範致、交代元〆坂倉安右衛門、近習小山林治、学校掛・給人格萱生源左衛門、供中小姓奥田廣吉の五人★の武器所持状態がわかる。範致は鎗所持・鎧拝借。安右衛門は鎗・鎧拝借。林治は鎗・鎧拝

▼鎮圧軍
旗本領・天領などの小領主の混在する地域で発生した一揆に対して、岡崎藩、挙母藩は、領境まで出兵したが、他領内への鎮圧行動には消極的だった。強訴的な交渉を伴う一揆から、後半打ちこわし的な一揆へ拡大すると、領主側が強硬策を取り、岡崎藩、挙母藩、尾張藩、吉田藩が出兵し鎮圧した。実際に一揆勢に鉄砲が向けられ、数人の死傷者を出した。

▼五人
加茂一揆の際、その収束により実際の出張には至らなかったが、壱番手から三番手まで三四二人の出張人数割行列が内達され、藩日記に転写されている。そこでは、五人は騎馬を命じられている。

借。源左衛門は鎗所持・鎧拝借。廣吉は鎗・鎧共自分所持であった。鎗・鎧とも拝借が二人、鎗所持・鎧拝借が二人、鎗・鎧共自分所持は一人だった。九月二十五日に一揆が収束したため、実際には出兵しなかったが、「出張人数割行列」が内達されていた。そこでは、彼ら五人は武家の一流格である給人★が通常担う騎馬を命じられていた。

　彼らは、萱生源左衛門を除いて給人に次ぐ士分中位の家格の働き盛りで、一揆取り鎮めの兵卒動員の要請があった場合に、出陣の第一線での活躍が期待されていた。彼ら五人の所持状況から察して、田原藩士全員の武具の所持状況も、同程度の水準だったと考えてよいだろう。戦国の争乱から二百余年が経過した時点で、衣食にも事欠く中下級武士の多くは、武士の体面の象徴である鎗や鎧などの武具さえ、手放さざるを得ない生活状況に追い込まれていたのである。そんな惨めな状況から脱け出す手立てとして、武具の購入・修理代の名目で、生活手当ての増額を嘆願したとも考えられる。

　天保元年七月より「御改革」と称して同五年六月まで、田原家中上下一律二人扶持★、という厳しい給与制度が、四年間も実施された。倹約期間終了まもない天保七年、領内は大凶作となり、同年十二月に再び二人扶持の給与に戻っている。二人扶持は一日あたり一升、一月あたり三斗の米が与えられる勘定である。家族の主食のための米としてだけでなく、衣服、副食、灯油、紙、墨、筆、医薬、履《はき》

▼給人
田原藩では知行取（家老や用人）に次ぐ格式。中小姓の上位。

▼二人扶持
ただし、江戸は、物価も高いし、屋敷内の菜園畑で農作物を育てることも困難という理由で、江戸家中は、次のような給与であった。
一、七人扶持　御年寄（家老）
一、六人半扶持　御留守居
一、六人扶持　御用人
一、五人半扶持　御取次
一、四人半扶持　御中小姓
一、四人扶持　御供中小姓、連紙まで
一、三人半扶持　御徒士
一、三人扶持　足軽
一、一人半扶持　部屋住

物《もの》、雨具などの生活必需品も、すべてその三斗の米を換金して捻出する。田原藩士の生活が、いかに苦境に立たされていたか、この一点からも理解できよう。

武士の本分の回復

天保九年（一八三八）の海岸操練《そうれん》（軍事訓練）の際、中小姓の服装について、原則として火事羽織★、持っていない者は打裂羽織《ぶっさきばおり》★を着用するように、と用人から指示が出た。当時の田原藩では、武士なら本来持っていなければならない火事羽織を所持していない者もいたのである。以前に生活苦の中小姓が、出火の際に火事羽織を着用するのは困難だと申し立てたことから、火事の現場には火事羽織の代用品として野袴《のばかま》★、打裂羽織などを着用して駆け付けることも許された。

これに対し、操練（軍事訓練）は火事とは違う、と考えたのであろうか、本多力蔵（中小姓）、鞍馬増右衛門（供中小姓）、浅野忠八郎（供中小姓）、戸田熊蔵（供中小姓）、佐野麻吉（近習供中小姓）の五人が、できたら火事羽織を着用したいと申し出たので、その旨上位者に申し上げておいた、という記事が藩日記に見られる。さらに同年十月十四日には馬役見習の村上国助が、持ち合わせの火事羽織をこのたびから出火の節に用いる旨申し出たり、同月二十三日には近習で三〇俵以下の者が、以前のように火事羽織を自分も着用したいと申し出たりしている。こ

▼火事羽織
火事装束の羽織。武士は、くすべ革（かわ）、羅紗（らしゃ）、科木（しなのき）などで陣羽織のように作り、家紋をつけた。陣羽織としても使われていたようだ。

▼打裂羽織
武士が乗馬・旅行などの際に用いた羽織。背縫いの下半分を縫い合わせないでおくもの。ここでは野服。

▼野袴
武士が、旅行などで使用した袴。ここでは粗末な袴。

れが藩主の耳に届いて、金一〇〇疋★ずつ下賜されたという。同月二十七日には彼らの他にも近習・中小姓・祐筆が、火事羽織着用の件で手当を頂戴した御礼を、用人に申し出ているから、火事羽織や陣羽織を大急ぎで用意した者は、けっこういたようである。

十一月二十六日に軍事操練が行われた。用人★八木八右衛門は、「このたびの着用は火事羽織あるいは陣羽織」と命じていた。村役人たちがその操練の光景を見て、「側近の武士の中にも、それぞれ工夫された装束が見られる」とか、「その出《いで》立《たち》の花やかさなること、筆紙に尽くしがたし」と感想をもらしたのは、中小姓はじめ近習、祐筆★ら中下級の武士やその家族が、必死の思いで用意した服装のおかげであろう。実戦用の服は本来陣羽織であるが、戦乱の世ではなくなったことから、火事羽織で代用してもよいとしていたようだ。一旦は家計が苦しいという理由で火事羽織の着用義務を放免したにもかかわらず、火事羽織の着用を心がけたいと申し出た者の出現により、改めて海岸での軍事訓練の際には、火事羽織か陣羽織を着用するように、との指示が出されたわけである。

ただし、田原家中の上下皆二人扶持の政策は続行中だったから、武士の暮らしが向上したわけではない。屋敷畑★での耕作や内職など家族の必死の努力により、かろうじて体面を守った武士もいたのではなかろうか。

▼金一〇〇疋
一疋＝一〇文、金百疋＝銅一貫文、金一両＝銅四貫文。

▼用人
天保期の用人は、国元田原では市川茂右衛門と八木八右衛門の二人である。家中からの届や情報をつかみ、上席家老に上申し、その意向を汲んで家中に指示をする役職。

▼祐筆
藩の書記役。諸記録の管理。

▼屋敷畑
田原城は、大津（現在の豊橋市老津町）に居城を構えた戸田氏が、蔵王山を背にし、海に突き出した小さな丘陵を攻防の適地と見なし、文明十二年（一四八〇）頃新たに移り住んだのが、起源とされる。家中も、集落の成立していない蔵王山からの緩斜面に居住し、比較的広い武家屋敷地が与えられていた。屋敷地内で田畑を設け農耕を行い生活の一助にしたと思われる。

② 急養子康直

十代藩主康明の病死は、国元田原には知らされなかったため、相変わらず病気快復を祈る祈禱や見舞が行われていた。康明には実子がいないため、異母弟友信（とものぶ）が後継藩主に目されていたのに、他家からの急養子が三宅家十一代藩主に迎えられた。

康明の病気と死後

文政十年（一八二七）七月十日、第十代藩主三宅康明《やすてる》は、二十八歳で江戸で死去した。藩主在位三年だった。第九代の兄康和が二十五歳で死去し、嗣子がいないため就任したのだが、その康明にも子供がいなかったので、文化三年（一八〇七）生まれの異母末弟友信★が、家督を継ぐと目されていた。しかし、この時点では康明の死は、国元田原へは表向き知らされていなかったのである。

江戸から七月二日出された手紙★によれば、康明は、七月一日の登城を休み、医師の服薬治療を受けた。さらに、七月六日の便りには、暑気あたり、その上頭痛のため、とかく熱気、お目覚め遊ばされず、耳が遠くなり、痰《たん》が多くなったと、きわめて難しい容体に入ったことを伝えている。殿様の病状が尋常ならざる段階

▼異母末弟友信
藩主三宅備前守康明の異母弟。通称鋼蔵（こうぞう）。後、友信と称す。藩日記では隠居前は鋼蔵と記されているが、統一を図るため友信を用いる。八代藩主康友の四男。母は側室お銀。一八〇六～一八八六。

▼手紙
江戸屋敷と田原城の連絡は、通常月二回、両地より定便として行われたが、必要に応じて間便も出されている。川支（かわつかえ）がなければ、所要日数は七日。

になったことから、家老村松五郎左衛門が、七月十二日江戸に向けて出立した。すでに七月十日、康明は死去しているが、当時の交通・通信手段では知るよしもなかったのである。

七月十一日、江戸からの手紙は通常七日かかるところ、急遽四日で田原に届いている。おそらく康明の死去を報告する急便である。しかし藩日記には、「康明侯の病気は大病というほどではないが、容体がよくない」と記されている。同様の手紙は、七月十七日、二十二日、八月十日、九月十一日、十月十日と続き、そのたびに家中一統の登城が行われ、江戸在府の藩主康明の病気快復を祈る記帳をしている。

そして、十月十二日出の手紙では、藩主康明の弟友信《とものぶ》が、病気保養のため近いうちに極内々、国元に帰る★と知らせてきた。保養が必要とされる友信の病気★は、どのようなものかわからないが、「極内々」という文言が秘密めいている。中小姓鈴木五郎兵衛が、当分の間友信の御附仮役に任命され、同時に同役中小姓土井古右衛門ら三人が、友信の近習役を務めるよう申し渡されている。友信の田原入りは、用人にとっても唐突な出来事だった。宿舎となる藤田丸の掃除や風呂桶、お勝手道具の調達で、あわてているようすがうかがわれる。

十月十五日の日記から、事の真相が浮かび上がる。「殿様の病状がいよいよ悪化し、跡目のことも考慮しなければならない状態に陥った。後継藩主に目されて

▼国元に帰る
田原滞在中の渡辺登や上田喜作は、藩主後継者として酒井忠実六男康直が迎えられることを知らなかったと思われる。

▼友信の病気
三宅友信は明治十九年（一八八六）まで八十一歳という長寿を全うし、十八人の子女を設けていることから、病弱・虚弱の体質ではなかった。政略のための虚言だったことがわかる。

三宅友信像（巴江神社所蔵）

いた友信様は虚弱な体質なので、やむを得ず他家から養子を迎えることになった。姫路藩主酒井忠実《ただざね》★様の六男で十七歳の稲若《いなわか》様を、養子に迎える相談をしているので、家中一統へも知らせよ」、と十月十四日着の便で江戸から連絡してきたのである。

十月十八日、友信を田原に迎えるにあたって、国元の重役はいろいろ配慮している。吉田藩との境の今田《こんだ》村★までの出迎えには、人足三人、駕籠人足三人をつけて、見苦しくならないよう指示している。これは次期藩主候補者としての処遇である。友信は夕方五時頃着城し、城の東にある藤田丸という館に落ち着いた。

家老、用人はじめ重立った者で、藤田丸に挨拶に出かけようとしていたら、道中よりの風邪のため伏せているので断る、と御附きの鈴木五郎兵衛から申し入れがあった。それでも、家老・用人一同で御肴《さかな》一台、また藩の賄《まかない》より料理一汁三菜、酒肴を進上している。

江戸から友信の供として従ってきたのは、渡辺登《わたなべのぼり》★（崋山）、中小姓上田喜作《うえだきさく》★、それとたまたま立ち帰りの藩医萱生玄順《かようげんじゅん》だった。崋山、喜作は、後年巣鴨屋敷で友信の蘭学の学友となっている。萱生玄順は藩校の教授であり、後年息子郁蔵《いくぞう》は洋式帆船建造のため長州へ赴いており、崋山の開明的な学風を継ぐ一人である。国元に実家のない崋山と喜作は、親戚宅に泊まり、その後藩校成章館《せいしょうかん》を宿舎にしている。さらに十月十五日に出された便りでは、酒井忠実六男稲若を田原藩主

▼酒井忠実
酒井雅楽頭（うたのかみ）系の宗家姫路藩十五万石藩主酒井忠実の六男が、康直だった。先祖は家康の三河統一を支えた酒井正親。

▼今田村
現在の田原市豊島町。

▼渡辺登
江戸定府の家に生まれる。八歳より藩主家の世子の伽役として出仕する。十一代藩主康直の側用人にもなるなど、藩主家と近い所で多く勤務した。天保三年家老に就任する。藩日記には、藩士として「登」と書かれている。ただ、歴史教科書をはじめ、一般には絵画の雅号である崋山が流布している。以後、崋山と記す。一七九三～一八四一。

▼上田喜作
中小姓、雇四両。内田弥太郎、奥村喜三郎に測量・数理学を学ぶ。後に江川英龍の江戸湾測量の際、崋山の推薦で内田の助手として参加した。

の養子に迎えることを正式に決定した、と伝えてきている。年寄・用人は藩主家へ御祝いを申し上げ、家中へも今明日中に登城し御祝い申し上げるよう、佐藤半助★が通達している。さすがに年寄・用人は、前藩主康明の弟として唯一、三宅家の血を引き家督を継ぐと目されていた友信に、他家からの養子の新藩主就任の件で、直接御祝い申し上げることは遠慮したのか、世話係の鈴木五郎兵衛を通して御祝い申し上げている。

十月二十九日着の便りにより、同月二十三日夜十一時頃に藩主康明が死去したことが、家老や用人はじめ家中の面々に通達されている。さらに老中松平乗寛《のりひろ》（三河国西尾藩主）に急養子願書★を出し、滞りなく受理されたこと、その御礼も同類の旗本三宅康明★を名代として済ませたことも、合わせて通達している。

藩日記には、十月二十四日朝、藩主康明の死去を幕府に届け、遺骸を浅草の松源寺《しょうげんじ》★へ葬ったこと、分骨は間瀬九右衛門が守護して国元に持ち帰り、霊巌寺《れいがんじ》★において葬式を行うことが記されている。最後に内々のこととして、実は七月十日に御逝去された事実を直ちに公表すべきだったが、家督相続の相談に手間取り、延引になってしまった、と追加説明している。

こうして初めて藩主の死去が、田原に正式に伝えられ、康明の分骨は十一月十七日に田原の霊巌寺に着き、二十二日に同寺で葬儀が行われたのである。

▼佐藤半助
後に渡辺崋山とともに家老を務めた佐藤半助の実父。

▼急養子願書
幕府の規則では実子のない大名は家督を継ぐことはできない。養子の場合、親が生前中に願書を出さなければ許されない。

▼旗本三宅康明
三宅家の同族、三宅主水康明。旗本、千石。書院番酒井組。

▼松源寺
藩主三宅家の江戸における菩提寺。

▼霊巌寺
田原における藩主三宅家の菩提寺。

霊巌寺

新藩主康直と隠居友信

主君が不器用だったり、健康にすぐれない場合、下から「もり立てる」のが家中の武士の務めとされてきた。一方、主君が不器用で藩主たる能力を欠く場合、血筋が異なっても有能な主君を新たに擁立すべきだという考えもあった。思うに田原藩の首脳陣は、長兄亀吉《かめきち》、次兄康和《やすかず》、次々兄康明と短命な家系を漠然と心配し、合わせて藩の財政難を救う手段として、姫路藩酒井家から持参金つき養子を迎える、という苦渋の判断をしたのであろうか。その真相は知るよしもない。

一方、新藩主としての前途を廃絶された友信は、二十三歳の若さで隠居として遇され、江戸巣鴨《すがも》の下屋敷に居住し（田原老侯という敬称を与えられたが）、もっぱら蘭学研究に取り組んだ。友信は佐藤新田★を知行していた家老佐藤半助に向かって、「われ羨まし、半助スラ知行アリ士アリ。われ大名ノ腹ニ生レ一塊ノ土ナシ★」と言って歎いたという話がある。おそらく友信は、その悔しさを蘭学研究にぶつけたのではなかろうか。

友信の住む江戸の巣鴨邸には、隠居手当で購入された蘭書がたくさん収蔵されていたという。蘭書翻訳のために小関三英《こせきさんえい》★や高野長英《たかのちょうえい》★が雇用された。また、まもなく渡辺崋山、水戸藩士立原任太郎《たちはらにんたろう》★（杏所《きょうしょ》）・同藩雇用の蘭学者幡崎鼎《はたざきかなえ》★、田

▼**佐藤新田**
佐藤半平が延宝八年（一六八〇）に開発。

▼**一塊ノ土ナシ**
『渡辺崋山集』第三巻　書簡番号二一。

▼**小関三英**
江戸後期の蘭方医。出羽鶴岡の人。江戸で吉田長淑らに蘭方内科を学び、帰郷し医を開業した後、再び江戸に出て、蘭書を訳述した。友信の巣鴨邸で蘭書の翻訳に加わる。一七八七～一八三九。

▼**高野長英**
江戸後期の蘭学者。陸奥国水沢の人。長崎に赴き、シーボルトの鳴滝塾に入門。天保三年（一八三二）、崋山と相知り、崋山の蘭学研究を助ける。蛮社の獄に連座し、永牢に処せられたが、後に脱獄し、嘉永三年（一八五〇）に幕吏に襲われ、自決した。一八〇四～五〇。

▼**立原任太郎**
水戸藩士。藩主徳川斉昭の腹心。谷文晁の写山楼で崋山と同門。一七八五～一八四〇。

▼**幡崎鼎**
長崎でオランダ商館の下僕をしていたが、オランダ語が堪能で水戸藩に抱えられた。一九〇七～四二。

原藩医の鈴木春山《しゅんさん》、幕臣下曾根金三郎《しもぞねきんざぶろう》★らが、この友信の巣鴨邸の研究会に参加するようになっていた。友信自身、後年幕府の蕃書調所★に入所し、いくつかの訳書・著書を刊行しているが、友信の巣鴨邸は、渡辺崋山、鈴木春山、村上範致、萱生郁蔵ら蘭学を学ぶ田原藩士の拠り所にもなっていたのである。仮に友信が十一代藩主に就任していたら、田原藩の蘭学研究は、これほど盛んにはなっていなかったのではなかろうか。

話を元に戻すと、稲若の急養子問題は、小藩ながら御家騒動であった。三宅家は南朝の忠臣と伝えられる児島高徳《こじまたかのり》の末裔《まつえい》であり、その血統を絶やすわけにはいかない、と力説して友信を推す勢力と、藩財政の苦況を脱するため、持参金付きの急養子稲若を推す勢力とに分かれ、抗争していたからである。

血統を重んじて友信を藩主に立てようとしたのは、渡辺崋山、佐藤半助、小川峯右衛門《みねえもん》、真木定前《さだちか》、生田何右衛門《しょうだなにえもん》、中村玄喜、鈴木春山たちだった。崋山は前記のように友信の田原行きに随行し、二十二日間の滞在の後、江戸に帰った。一方友信は、稲若が改名し新藩主三宅康直《やすなお》となることが正式決定するまで、七カ月間田原に足留めされた。江戸に帰った崋山は、新藩主康直に次代藩主は三宅家の血筋に戻すため、友信の子を世子（藩主後継者）にするよう熱烈に申言した。崋山の身命をかけた諫言の結果、康直はこれをついに受け入れたのである。

天保二年（一八三二）二月一日、友信の長男仁太郎《しんたろう》が誕生し、同三年三月二十

▼**下曾根金三郎**
旗本。後に江川英龍、村上範致と並ぶ三大砲術塾の指導者となる。一八〇六～七四。

▼**蕃書調所**
安政二年（一八五五）幕府が洋学を教授し、洋書・外交文書を翻訳するために設けた学校。文久二年（一八六二）洋書調所、翌三年開成所と改称。

五日康直の長女於銈《おけい》が生まれた。幼少の二人を結び付ける、という同三年六月十一日の幕府への願いは、願いの通り認可され、仙太郎は康直の長女於銈の婿養子となった。仙太郎は一歳四カ月、於銈は三カ月という政略結婚であった。仙太郎は嘉永三年（一八五〇）に十二代藩主に就任し、三宅康保《やすもち》★と称した。崋山らの宿願は後日かなったのである。

なお、文政十年（一八二七）十二月二十七日に康直の持参金から、御恵金と称して田原藩士に渡された金額は、次の通りである。

家老、用人	金二両三分	者頭より給人まで	金二両
中小姓より連紙★まで	金一両二分	徒士	金三分二朱
足軽	金二分		

また、文政十一年（一八二八）十二月九日と翌十二年二月二十一日の二回、田原城下は大火で町のほとんどが焼失した。この時康直の手元金から、被災者全戸へ救済米穀や仮小屋普請の材料として成木一二本が恵与された。被災した領民にとっては、願ってもない救済であった。しかし、この時の火災救済とたびたびの御恵金で、康直の持参金は短時日で底をついたといわれる。また、友信擁立派を慰撫するために、友信を前藩主格の隠居と遇したので、巣鴨邸への経費が余分にかかることになった。とは言うものの、康直を急養子として迎えたことは、藩の宿老が財政窮乏の打開のためにとった苦肉の策だったといえよう。

▼三宅康保
当初康保（やすもち）と訓じたが、安政五年（一八五八）、十四代将軍に徳川家茂（いえもち）が就任し、差合（名前の文字や音が高貴な方とかぶさること）のため三宅康保（やすよし）と改めた。

▼連紙
田原藩の士分最下位の格式・身分をいう。連紙以上が、年始式日慶事に際して祝賀する書状に名を連ねる格式。

③ 藩校成章館

慢性的な財政窮乏に苦しんでいた田原藩は、規律の緩んだ家臣団の気風の刷新と藩財政の復興を目ざして藩校成章館を創設した。内憂外患が深刻化する中で小藩が生き残るためには、人材の育成を最優先する必要に迫られたからである。

設立の事情

田原藩校成章館は、文化七年（一八一〇）に田原藩医萱生玄順の献策により創設された。慢性的な財政窮乏に苦しんでいた田原藩は、教育の力で藩政改革の実をあげることが求められていた。人材養成のための藩校の設立は、藩の多年にわたる宿題だったのである。校名は玄順が選定したもので、『論語』公冶長篇《こうやちょうへん》の「子在レ陳曰《しちんにありていわく》、歸与歸与《かえらんやかえらんや》、吾党之小子狂簡《わがとうのしょうしきょうかん》、斐然成章《ひぜんせいしょう》、不レ知レ所二以裁一レ之」に由来する。大意は次の通りである。

孔子は人の道を天下に伝えようと諸国を周遊したが、目先の利害に心を奪われた諸侯は、孔子の言葉を採用しなかった。陳の国にいた時、孔子は人の道が世に行われないのを嘆き、大いに悟ることがあって、次のように言われた。

成章館跡
跡地は現在田原中部小学校敷地となっている。同校の学芸会で渡辺崋山の少年期をテーマとした崋山劇（立志・板橋の別れ）が毎年行われている。

「さあ故国魯《ろ》に帰ろう。帰ることにしよう。わが郷里の若者たちは、高遠な志を持ち、進取の気性に富んだ美しい人材であるが、世事には粗略で、人格的には未熟未完成である。彼らは類例のない錦のような美しい素質を持っているが、それを裁断して衣服に仕立て上げるまでには至っていない。それ故に、さあ魯に帰って郷里の若者たちを育て、わが道を後世に伝えよう」

成章館は、朴訥な田舎の生徒に対して人の道を伝え、後学を育てる学堂として創設されたものだったである。

教科目と教官

校地は田原城の正門（桜御門）の向かい側の広場で、現在の田原中部小学校の東半分だった。校舎は講堂・講武所・鎗ノ間・教官室・茶ノ間・文庫などから成り、敷地約七〇〇坪、建坪約八〇坪だった。

教科目の文学★と称する儒学の講義では、四書五経★の教科書が使われていた。武芸では主に剣術・槍術・弓術・柔術だったが、後には兵仗《へいじょう》★・三ツ道具★、さらに測量に用いられる算術などの諸芸

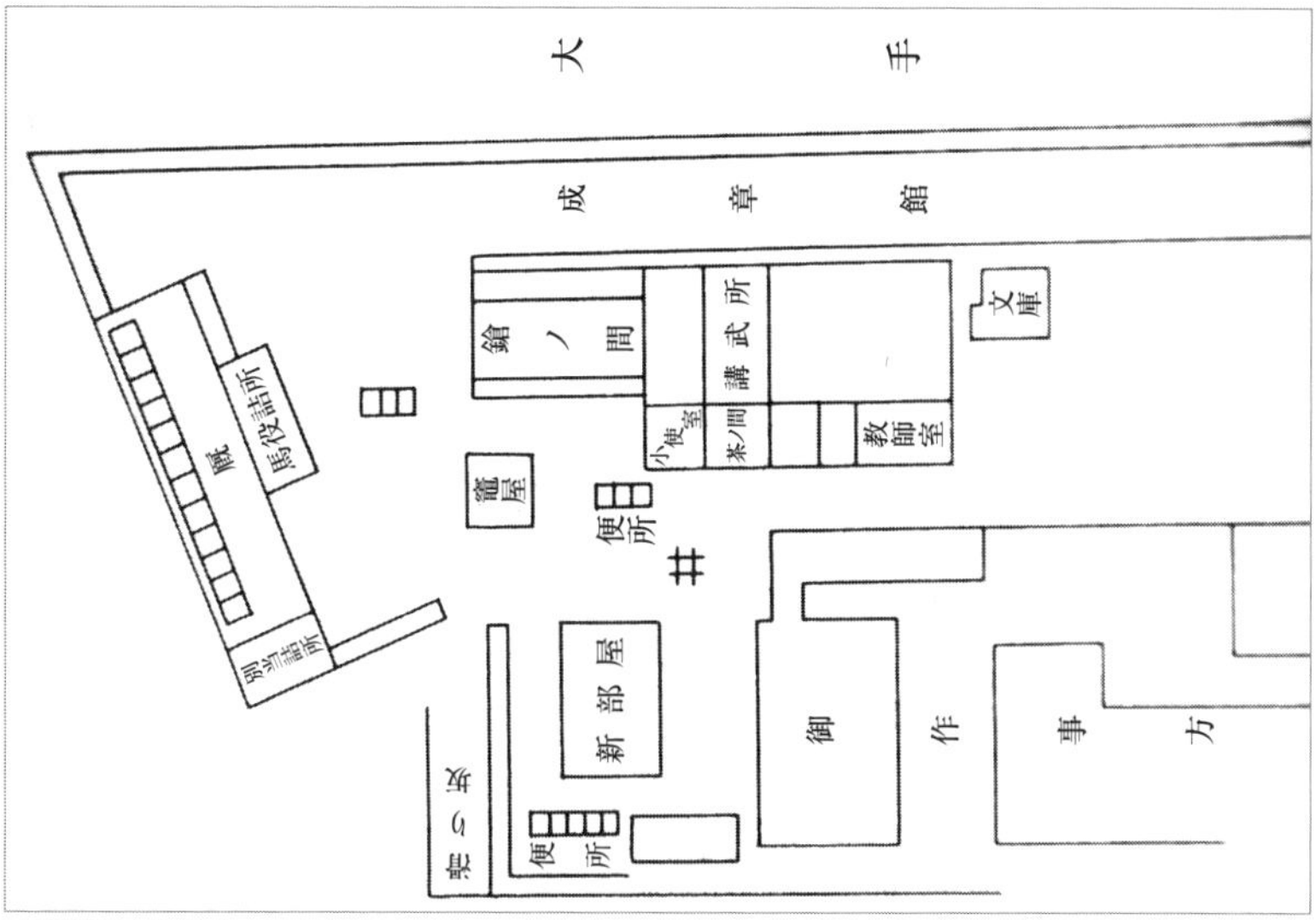

成章館の概略図

も加わった。天保期なると、兵学・砲術、小笠原流礼法なども導入され、幕末期には西洋流の銃陣稽古なども課せられた。

成章館を前身とする愛知県立成章高校の記念誌『成章八十年史』★によれば、各教科の年間修行会日《かいじつ》は年度により多少の差異はあるが、天保八年の例によると、日数は躾《しつけ》―三六回、剣術―四三回、槍術―四〇回、居合《いあい》―一八回、兵仗―三三回となっている。文学は五・十の日の午後以外は午前に配当し、武芸は文学終了後の午前と午後に割りあてているが、その日割り以外の余暇にも文武の稽古が行われた。また藩校教育の重要行事である釈奠《せきてん》★（釈菜《せきさい》）や熊野社（蔵王権現）・神明社・八幡社の田原三社の祭礼などには、二日の休みが設けられていた。

文学については、毎月末に口頭試問を実施して、成績を校内に掲示した。春秋二度、文武の大試験を、藩主・重臣以下の臨席のもとに実施し、優秀な者には賞を与えた。入学年齢は八〜九歳が通例で、修学の年限は一定ではなかった。学生の数は、初期にはあまり多くなかったが、末期には二〇〇人にも達したという。学生はすべて通学であり、学校の経費は全額藩費でまかなわれ、その金額は廃藩の頃、当時の物価で約五〇〇円前後だったといわれる。

成章館の教官には、成章館掛とも称された学校総裁一名、文学指南・剣術指南など各業師範各一人、各業世話役各四〜五人が置かれた。いずれも藩士の兼務だったので、わずかな役料しか支給されなかった。

▼文学
座学。特に儒学の講義科目。

▼四書五経
四書（大学・中庸・論語・孟子）五経（易経・書経・詩経・礼記・春秋）。

▼兵仗
儀式用の形式的な儀仗ではなく、実戦用の武器ともなるもの。

▼三ツ道具
突棒（つくぼう）、刺股（さすまた）、袖搦（そでがらみ）。いずれも実戦的な武具。

▼『成章八十年史』
一九八八年刊行。愛知県立成章高等学校の記念誌で、創立以来の校史を記述している。

『成章八十年史』

▼釈奠（釈菜）
供物をそなえて、孔子及びその門人を祭る儒教の行事。毎年二月と八月の上の丁日をその日とした。

江戸の文武稽古所

天保二年（一八三一）、崋山が三十九歳で藩主三宅康直の側用人だった頃、江戸の田原藩上屋敷に設けられた学問所の文武総掛りと文学指南を務め、「師範方被仰出案」を起草し、藩子弟の教育にあたる者の心構えを次のように説明している。

第一に、師たる者は率先垂範して、人格的な感化を生徒たちに及ぼすことを心がけると共に、生徒一人一人の才能や個性を見つけ出して工夫すべきこと。第二に、幼少期は人の一生を左右する大切な時期だから、この時期に読書や行儀作法などの基本的な行動様式を身につけさせるよう、厳格に指導すべきこと。そのために軽薄な生活に流れないように注意し、功績をあげた者には必ず賞を与え、罪を犯した者は必ず処罰する、という生活指導に徹すること。第三に、特異な才能のもち主に出逢ったら、その人物が人倫の大道を踏みはずさない限りは、多少の欠点があってもその発育の芽をつみとらないこと。

それぞれの生徒の個性を尊重し、徒に型にはめ込まないことを強調した忠告として、今日も傾聴に値するといえよう。

成章館に掲げられた崋山筆の孔子像
（田原市博物館所蔵）

学ぶ子供
（渡辺崋山筆『一掃百態』より、田原市博物館所蔵）

藩校教育の趣意

翌天保三年に崋山は、江戸詰家老となり、国元の藩校成章館の運営にも影響を及ぼすようになった。翌四年頃に崋山が国元の成章館掛りだった真木定前に宛てた書簡で、藩校教育の趣意を次のように説明している。

藩校の趣意は、何よりも先ず孔孟《こうもう》の教えを学んで、武士としての人格識見を高め、今日の治世に役立つような幅広い学問や教養を身につけさせることである。また、他人の欠点をあげつらわないで、他人の長所を学び取り、切磋琢磨に努めさせることも、藩校教育の課題である。

天保十年（一八三九）三月に崋山は、長引く引米による生活苦から規律が緩んだ成章館の復興策として、高名な儒学者伊藤鳳山《ほうざん》★を文学指南として招聘した際、成章館掛りの真木定前に次のように助言している。

人材の養成のねらいは、藩の職務に役立つ人材を養うことであるが、他領のやり方でもよいことはどしどし摂取する、という伸縮自在な考え方をもち、自藩のことしか眼中にないような偏狭さをとりはらうこと。そして文武の芸事は、単に一藩のためではなく、すべて天下のためであることをよく承知させること。長期的な観点から、文武の教授内容を策定し、学校会計を算定すること。

崋山像　椿椿山筆
（田原市博物館所蔵）

▼伊藤鳳山
江戸後期の儒学者。出羽（でわ）国酒田の人。著書は『孫子詳解』、『経国無是問答』など。ロシアとの交易を説く。天保九年（一八三八）十二月末に田原へ来訪し開講する。一八〇六～七〇。

伊藤鳳山の招聘と崋山の教育思想

前掲の書簡の六日後に、同じく真木定前に宛てた書簡で崋山は、成章館の運営につき、次のように助言している。

今、天下を見渡しても、確固たる教育方針をもった学校は見出せない。唯やみくもに儒学の古典を読んでいるだけ、という学校が圧倒的に多い。成章館の教育は、聖人君子のような為政者の養成と、児童の単なる啓発指導の、どちらに重点を置くのか、という質問が伊藤鳳山から出ているけれども、そんなことは江戸湯島の聖堂学問所（昌平坂学問所）でも、はっきり決めていない。学校教育というものは、全体の釣り合いをよく考え、藩の財政事情や時代の要請を考慮して運営しないと、中途で行きづまってしまう。長期的な展望をもたないと、学校を新しく建てても、無益な結果に終わる。

鳳山は、儒学の基本的な教えである四書五経などの解釈や講義には精通しているけれども、一般常識★が不足しており、そのため相互に理解できないため一般人とすれ違うことになる。藩内にまず書を読む機運をつくることができれば、それから話し合って、こちらの考えを提示することもできるようになる。

よくよく考えると、学校を早々に拡張して足軽・中間《ちゅうげん》や百姓町人まで入学さ

▼一般常識が不足
鳳山は、十五歳の時に郷里酒田を離れ江戸に出て、朝川善庵の塾に学び、善庵の婿養子になった。しかし、飲食におぼれ、放蕩に走るようになり離縁された。そうした独善的な生活をいうのであろう。

せるようにすると、かえって混乱が予想される。それ故、ひとまず彼らの教育は石門心学★の者たちに任せ、藩士の教育に専念した方が、理にかなっている。

大学者ながら統御のむつかしい鳳山という人物に対応する際の留意点を指摘し、成章館の復興は鳳山の活用いかんに関わっていることを力説している。

また現在の儒学者が、ただ字句の解釈ばかり気にして「徳行を以て民を教へる」という儒教の根本精神を忘れていることに警告を発した提言ともいえる。

以上のように、藩校成章館について述べた崋山の教育思想は、もっぱら儒教道徳に立脚するもので、そこには西洋の学術研究や教育についての知見の影響は、ほとんど認められない。崋山は当時すでに蘭書を小関三英《こせきさんえい》や高野長英《たかのちょうえい》らに翻刻させたり、自らオランダ商館長らと対談（通訳付き）したりして、西洋の教育についての開明的な知見を得て、科学技術のめざましい進歩を可能にした西洋諸国の学校制度や人材養成の政治を導入しようとする志向を持っていたはずである。しかし、藩校教育にそれを反映することはできなかったようである。

教育史家の石川松太郎の著書によれば、わが国の藩校教育に洋学が導入されるのは、安政年間以後のことである。藩校に洋学的知見を導入する気運は、田原藩に限らず、全国的にまだ熟していなかったのである。

▼石門心学
石田梅岩（一六八五〜一七四四）が創始した庶民教学。正直、倹約等の徳目を重視した。

④ 藩政改革

三宅家二百余年の藩日記の中で、特に天保元年から同三年にかけて、「御改革」という文字が頻出する。この間に家老職が丹羽豊右衛門ら長老四人から三十歳代後半の川澄又次郎・渡辺崋山ら四人に世代交代し、藩政刷新の機運が生まれた。

「御改革」の機運

文政十三年（一八三〇）に出された「藩主通達の覚書」には、「御改革」の文字が目立つ。以前の通達に比べて分量が際立って多く、例えば参勤交代の供の人数、弁当や旅費の手当などから、五月の節句の凧揚げ祭りの凧の枚数など、細部に及ぶ規定があり、それぞれ経費が削減されている。同年の倹約令の眼目は、国元田原の家中は家老から足軽まで、すべて二人扶持にするというもので、「御改革」にかける藩首脳部の意気込みがうかがえる。

天保三年（一八三二）に家老に就任した渡辺崋山らが実行した藩政改革は、家禄に職務給を加味した給与体系を導入したこと、農学者の大蔵永常★を招聘し、彼の指導のもと「興産方」「産物見育方」などの役職を設けて殖産興業に努めたこ

▼大蔵永常
江戸後期の農学者。豊後国日田の人。生産から販売・流通の一貫した視点をもつ商業的農業の先駆者。大坂さらに江戸に居を移し、多くの農書を出版した。崋山は、書簡を通して、永常の藩財政への口出し、自分勝手な大坂行きなどを強く叱責するよう、国元に伝えている。一七六八〜未詳。

と、義倉の設立、伊藤鳳山を藩校教授に招き、江戸にも学問所を設けて藩士教育に力を入れたこと、武備海防のため海岸での操練（軍事訓練）を実施したこと、などが挙げられる。

この「御改革」は、藩主三宅康直の実家である姫路藩の家老河合《かわい》隼之助《はやのすけ》★の助言を取り入れたようだ。康直の言によれば、康直の実家酒井雅楽頭《うたのかみ》家へ「河合隼之助殿へ田原藩の御改革、特に御勝手（藩財政）のことについて相談を引き受けてくださるよう」取りはからいを頼み込んでいるからだ。当時の藩家老は四人で、そのうち一人が在府、三人が国元勤務だった。隼之助は姫路藩の江戸家老だったため、隼之助考案の財政再建策の多くは、江戸在府の家老渡辺崋山に伝授された。商品作物の育成を図り、木綿専売など商品流通にも成功した姫路藩のやり方を、崋山は隼之助から聞いて、大いに参考にしたと思われる。姫路藩の義倉固寧《こねい》倉が、文化六年（一八〇九）に設立された経過や運用の実績についても、詳しく聞いて田原藩の義倉の設立の参考にしたのではなかろうか。

家老就任後の崋山の書簡を見ると、領内野田村の沢庵漬物や金五郎奈良漬★を取り寄せたり、領内漁業や製塩業の実態・問題点の調査を依頼したり、朝鮮人参《にんじん》を栽培・加工する技術をもつ者の調査を依頼したりしていたことがわかる。江戸育ちで国元の地方（農村部）役人とは縁のなかった崋山の質問には、初歩的なことを大真面目に尋ねているところもあるが、田原藩の殖産興業の可能性を真摯に調

▼河合隼之助
文化五年（一八〇八）姫路藩の負債七三万両に及ぶ財政状況の改革を一手に引き受け、二十七年間で巨債をほとんど償還し、年貢収量も平均三万両増加させた。

▼金五郎奈良漬
野田村の庄屋で篤農家鵜飼金五郎が売り出した漬物であろう。同家は、使用人ら約三〇人を抱え、質屋をはじめ、いろいろな商売を営んでいた。

査し、考察しようとしていた姿勢がうかがわれる。

大蔵永常の行ったこと

田原藩が、藩の殖産興業を図るために大倉永常を招いたことは、小藩ながら先見性があったといえる。崋山が永常を田原藩に推挙した事情の詳細はわからないが、おそらく農書や江戸の物産会での交流から永常を知り、領民の利益に資すると判断したからであろう。

永常にとって諸藩への正式な任官は田原藩が最初であり、その喜びは大きなものだったと伝えられる。天保五年（一八三四）九月二十八日付の藩日記によると、田原に召し呼ばれた日田喜太夫《ひたきだゆう》（大蔵永常を田原藩では日田喜太夫と呼んだ）を六人扶持で雇い、元中級武士の住んでいた屋敷に住むよう、月番家老佐藤半助が通達している。永常が家族を連れて田原へやって来た十一月三日に、供中小姓戸田熊蔵★を物産掛り（分限帳では「産物係」）に任じ、「植物の植え付け方や育て方など教えを受けるために日々喜太夫の所に出向き、育て方をよく見て出精するように。地方《じかた》役人としての任務もあるからよく相談するように」と御用部屋で言い渡している。また、戸田の下に徒士《かち》の中村三八郎が物産掛りとして付けられた。

永常が田原藩で取り組んだことは、次の五項目である。第一に甘蔗《かんしょ》栽培と砂糖

▼戸田熊蔵
「分限幷席次」（天保八年）によれば、供中小姓順席産物係　二〇俵　席次八一とある。

大蔵永常の住んだ家
後に渡辺崋山の蟄居宅となる。

の製造である。藩日記には天保六年十一月に国産の砂糖（白壱斤、黒五斤）が、永常より江戸の藩主へ届けられたという記事が見られる。第二に大坂で仕入れた櫨《はぜ》を植栽し、蠟《ろう》を採取したことで、第三に楮《こうぞ》★の栽培と手漉《てす》き紙の製造である。幕末維新期に田原藩は、紋章の透かし入りの藩札を自作したが、永常がもたらした製紙法によるものであろう。第四に琉球《りゅうきゅう》藺草《いぐさ》を栽培して畳表を製造したことなどである。第五に田原の地で農書『門田之栄《かどたのさかえ》』を執筆し、冬季の水田の水抜き、稲の掛け干し、ウンカ駆除法などを解説した。

　永常は近世三大農学者★の一人とされ、膨大な農書を残しているが、田原藩での彼の評価は低かった。永常自身は遠州の友人宛の手紙で「もっと時間がかかる。十年あれば、うまくいく」と嘆いている。永常がめざした商品作物づくりには、領民も共感し、甘蔗★、櫨★、楮、藺草などの栽培に興味をもち、植栽に励んだ者も、少なからずいたと思われる。しかし、一升一合でも多く年貢米を上納させようとする藩役人と、お金になる作物で自家の収益を増やしたいと望む永常や農民とでは、立場上相容れず、中断せざるを得なかったのではなかろうか。

砂糖を作った小屋
後年崋山がここで自刃した。

▼近世三大農学者
宮崎安貞・佐藤信淵・大倉永常のこと。

▼楮
クワ科の落葉低木。樹皮の繊維は和紙の原料。

▼甘蔗
サトウキビ。

▼櫨
ウルシ科の落葉高木。実から蝋を採る。

これも田原

磯丸と田原藩

漁夫歌人として著名な伊良湖村の糟谷磯《かすやいそ》丸《まる》を、田原藩主三宅康直や崋山はどのようとらえていたか、崋山の紀行文や藩日記で考察してみよう。崋山の『客参録』天保四年（一八三三）三月十日の条に、磯丸についての印象を次のように記している。

磯丸来たる。崋山は磯丸と康直との応答を、同僚の家老と共に側で聞きながら、磯丸のようすを観察していたようだ。磯丸については、参州伊良湖の農夫で、年齢は七十歳であるが、かくしゃくとした翁である、と書いている。

磯丸は親に孝行を尽くし、母が病気のため起きられない時は、毎朝、水垢離《みずごり》をして伊良湖明神に回復を祈り、その加護で母の病が癒えたとのこと。磯丸は生来、言葉についての才能に恵まれ、若年から農耕の合間に歌を作ったこと、近在に住む井本彦馬（大垣新田藩郡奉行で、国学を学び和歌をよくした）から文字を教えてもらい、歌の添削も頼んだりしていたようだ。

崋山は磯丸に対し、身分の低い者ながら貴人の知遇を得て、歌を詠めるまでになったことに大いに驚き、感心している。

また、「夏衣きてだにも見よいらごさきすゞしき波の夜の月かげ」など、吉田の歌人林織江が磯丸に与えた四首の歌も書きとめている。

一方、磯丸が一冊の書も読まず、一頁の文字も書かずして、歌人と呼ばれるのは、奇妙という他ないと書いている。さらに厭《いと》うべきことは、「歌を作って以て病を癒《いや》す」ことと評している。病気は薬や養生で治すもので、歌が病気を治療するものではない、と崋山は考えていたからである。他方、「癒《いやす》」を「病気を治療する」というより、悩みなど不健全な心境から回復させると解釈すると、磯丸の言っていることにも合理性がある。

磯丸が次に城に招かれたのは、天保九年二月二十三日である。藩主康直の歌の相手として伊良湖の磯丸を呼び出し、間瀬弘人が引率するから表門から通すよう、玄関番に申し付けている。康直は夕刻六時頃から磯丸を呼び出して歌遊びをし、旧年の百韻の点の確認などをしている。その時の出席者は不明だが、連歌形式で遊んだようだ。当時は藩主のたしなみとして、和歌・連歌に力を入れていたからだ。この日は間瀬雲叔・村松耕雲ら家老を務めた上級武士も、文化人として歌合わせ会に参加している。終わって酒、吸物、取肴、菜飯などが出され、午後十時頃散会している。

天保十四年八月十四日にも、磯丸は城に招かれている。この時の磯丸の歌は、

めされきてうらはづかしくくずばかま
はひまつはりて月をみるかな

である。観月の席であろうか。招待者なので平生の野良着ではなく、葛袴《くずばかま》を着用して出席していた。しゃれっ気を出して、着慣れない着物の裾が足に絡み付いていた、という意であろう。磯丸は少々しゃれた気分を味わったのであろうか。

これも田原

田原の祭り

田原祭は、田原市田原町の新町・本町・萱町・巴江・衣笠の五地区が、毎年行う秋の大祭である。神事が行われる神社は、新町が八幡社、本町・萱町・衣笠が神明社、巴江が巴江神社で、各地区がそれぞれの神社の神前で厳粛な神事を行う。その後、山車の曳行《えいこう》や御輿《みこし》の町内巡行、打ち上げ花火などの行事が行われ、近郷からの見物客でにぎわう伝統的な祭りである。町内で生まれ育った人々にとっては、心を一つにして取り組む心躍る行事であり、躍動した幼少の日を思い出すよすがともなっている。

田原祭り山車

八幡社の祭礼の最も古い記録によれば、享保二年（一七一七）に「（八月十三日）八幡社祭礼、例年の通り、獅子舞参り候よし」「十四日、晴。神事に神楽《かぐら》を舞う」とあり、祭礼に獅子舞を踊り、神楽を奉納していたようである。

現今は九月中旬の土・日曜日の両日、御《お》囃子《はやし》の曲の流れる中、山車《だし》が秋空の下でからくり人形を巧みに繰《く》りながら、田原の町をゆるやかに曳かれていくようすは、華麗な絵巻さながらである。

田原凧

江戸時代から続く子供の出生と無事成長を祝い願う「初凧」と、大空で雄壮に糸を切り合う「けんか凧」が田原凧の名物である。「初凧」は、男の子が生まれた祝いに親類から贈られた凧を、端午の節句（旧暦の五月五日）に隣近所の人や友人が集まって揚げたのが、始まりといわれる。

また、田原凧の特徴は、一般的な凧が縦長で糸目が多いのに対して、横長で縦にたった二本、釣り合いを取るための糸目がつけられていること。そのため、凧の向きが変えやすく、糸を引いたり緩めたりする独特の糸さばきで、凧を上下左右にと自由自在に操作することができる。「けんか凧」は江戸時代後期に庶民の間で盛んに行われ、令和の今日に伝えられている。

たこ揚げ（崋山筆「喜太郎絵本」）

毎年四月の第四土・日曜日に「田原凧まつり」が盛大に開催される。地元の熟練の凧絵師によって描かれた勇壮な武者絵や、華やかな歌舞伎絵などは、鮮やかな構図と色調に魅力があり、多くの人を楽しませている。

第五章　二つの危機　海防と飢饉

天保期の田原藩独自の海防策と飢饉対策。

田原城二ノ丸櫓（昭和32年再建）

①元文〜天保初期の海防策

藩首脳部が抱いていた問題意識は、領民を飢饉などから守るとともに、いつ来襲し上陸してくるかもしれない異国船に備える海防政策であった。ここでは初期の海防政策を紹介したい。

幕府による海防策

元文四年（一七三九）五月に異国船が、陸奥《むつ》・安房《あわ》など諸国の沿岸に出没し、六月に幕府は諸国沿岸の諸大名や代官に、沿岸警備と上陸者への対処法を通達した。このことは藩日記の元文四年六月十六日の記事で確認される。同六月十八日には田原藩の家老たちが相談して、百々村《どうどう》（渥美半島太平洋側の田原藩領の中にある吉田藩領の飛び地）の浜辺にある仮番所の小屋に置かれた遠眼鏡の台のようすを問い合わせるため、山廻り★与吉を遣わしている。百々村から帰った与吉によれば、小屋は吉田★藩の役人が連れてきた大工と村の大工で、冬の夜番にも耐えるほどのしっかりしたものを造り、村人が昼夜二人ずつつめて監視しているという。田原藩では赤羽根村に一カ所、吉田藩領との境の久美原村に一カ所建てること

▼山廻り
村奉行・代官配下で、山林や木材・薪などを管理する役職。足軽や中間が多く務める。

▼吉田
吉田藩庁のある町。東海道吉田宿。今の豊橋市豊橋公園の辺り。

に決め、番人は昼一人、夜二人ずつ配置するよう両村に申し付けている。さらに万一異国船が出現したら、赤坂代官所へ急ぎの注進を出しても、火急の間に合わないから、物頭★三人、鉄砲所持の者三〇人、弓一五張、長柄鎗三〇本を用意したい。城下から浜辺に駆け付けるための馬、人足、足軽も必要と追記している。

城下では長柄鎗や刀、足軽羽織、小頭羽織などの具足・衣服等の準備や点検などが行われ、あわただしい動きがうかがえる。この後も家老や用人が、たびたび領内二カ所の遠見番所を検分し、馬の準備を城下の町人に申し付けたり、近海に異国船が見えた場合に江戸へ注進するための手配をしたりしている。今ある遠眼鏡は古くて使い勝手が悪くなったので、名古屋に使いを派遣して新品の遠眼鏡二台を入手し、保管用の箱を大工に作らせて、赤羽根村の浜手代★に渡している。

村人が毎日昼夜遠見番番所に詰めることは、村人にとってたいへんな負担となる。農作業や漁業に従事しながら海の異変を監視するくらいでないと、村人が疲弊してしまうという相談を用人は郷方役人から受けている。その後、しばらくして藩日記から、遠見番所の記事が消える。おそらく自然消滅したと思われる。

寛政四年(一七九二)九月ロシアの使節ラクスマンが漂流民大黒屋光太夫を護送して根室に来航し通商を求めた。幕府は異国船来寇への関心を高め、同年十一月領分に海岸をもつ大名に指令を発した。田原藩でも寛政五年一月二十五日の藩日記に、「昨日谷ノ口村に下目付ならびに山廻りを遣わして、遠眼鏡のある番所

▼物頭(者頭)
侍の代表。通例弓組、鉄砲組などを預かる。田原藩ではこれがほとんど格式となり、寺社奉行を兼帯した。

▼浜手代
村奉行・代官配下で、海岸に関すること を管理する役職。足軽や中間が多く勤める。天保八年分限帳では、一〇人がその職にある。

遠見番所があったと思われる所
(赤羽根村)

を見分し、これを造る」「先達て赤羽根村へも下目付★を差し越し、これを建てる。この期間中、武器の改めも行った」とある。谷ノ口村は久美原村の隣村で、元文四年の遠見番所★の場所とは少し離れている。谷ノ口村の番所では、武器改めもしていることがうかがえる。

寛政五年四月十九日の条に、代官稲熊杢右衛門が隣藩の吉田藩に出かけて、「異国船漂流の節の対処の仕方」について打ち合わせをした記事が見える。尾張藩および西尾藩・刈谷《かりや》藩などの三河諸藩は、直接太平洋に面していないせいか、海防のための特に目立った動きは見えない。しかし、田原藩や吉田藩にとっては、海防問題が藩政の上で切実な課題だったのである。

文政八年（一八二五）二月十八日に幕府は、諸大名に異国船打払令を出した。同月二十四日の藩日記には、いずれの海辺でも異国船が乗り寄せてきたら、有無に及ばず一途に打ち払い、もし上陸してきたら絡《から》め取り、打ちとどめも苦しからず、と記されている。そして五月七日に前記の触文を立て札に書き、領内各村々の高札場に立てている。さらに同十七日には、遠見番所は「赤羽根中村へ、一昨十五日相立て申し候」という記事が見える。天保四年（一八三三）の渡辺崋山の紀行文『参海雑志』の挿《さ》し絵に、赤羽根断崖上に建つ小屋が描かれている。小屋は鬼瓦が載り、瓦葺きと見えるが、それほど丈夫な造りには見えない。

▼下目付
藩の家中及び領内の監察、糾弾、裁判に関係する役。田原藩では、大目付、中目付、下目付の段階があった。

▼遠見番所
海岸の高台に設けて外国船の通行、動静を見張りして報告させた番所。田原藩では久美原（後の谷ノ口）と赤羽根に設けた。幕末には和地にも設けられた。

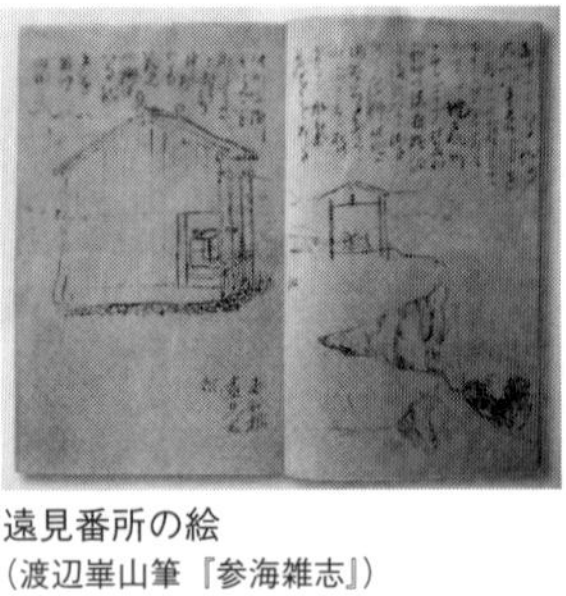
遠見番所の絵
（渡辺崋山筆『参海雑志』）

天保期前半の海防策

田原藩の海防計画案を、天保三年（一八三二）の「海岸難破船之節掟」（大草村「富田勘十郎文書」）により見てみよう。

①「異国船が見えたら早鐘《はやがね》か貝を吹き鳴らせ。これを聞いたら猪鑓《いやり》、斧《おの》、鳶口《とびくち》を持って庄屋宅に駆け付けよ。鉄砲を持っている者は持参し、村奉行配下の浜手代の指図を受けよ」②「早鐘を村継ぎして田原城下まで届けよ」、③「鉄砲、弾薬、鎧《よろい》、兜《かぶと》、弓等武器・具足は村々に渡す」というものである。

この計画では海に面していない内陸部の村々まで、お触れの対象になっており、「大久保村、芦村《あしむら》、佐藤新田、田原町、下野田村五カ村の鉄砲二七挺は、赤羽根中村の地下《じげ》★へ、加治《かじ》村、漆田《うるしだ》村、青津《あおづ》村、根田《こんだ》村四カ村の鉄砲九挺は、久美原村地下へ、それぞれ持参し駆け付けよ」と村々に命じている。

また、加治村、新美村、青津村、漆田村、今田村、院内村、吉胡村の七村の一五歳以上六十歳以下の者は田原割場《わりば》★まで、同じく海に面していない大久保村、野田村、芦村の三カ村の十五歳以上六十歳以下の者は、猪鑓、斧、鳶口等を持参して、遠見番所のある赤羽根中村まで駆け付けよ、と命じている。「海岸難破船之節掟」は、文政八年までに幕府が発令した応急処置の方策とは異なり、異国船襲

▼地下
通常は百姓の地域組合をいうが、現今の自治会にあたる。ここでは、その事務所のある庄屋宅。

▼田原割場
代官の指令を代行する役所。田原の町中にある総代、庄屋、組頭などの事務所。庶務、会計などの出先役所でもある。

来時にどのように対処すべきか、藩独自に領内全二四カ村に示した指針であった。同掟は箇条の一つ書きから構成されているが、最初の一つ書きには、「大風雨之節難破船等有之……」とあり、異国船着岸については触れていない。

片浜十三里と呼ばれる渥美半島から遠江にいたるほぼ一直線の海岸線には、港も強風を避ける小さな入江《いりえ》も存在せず、海が荒れた時は避難の術がないため、難破する危険が高い。難破船の積荷や漂流物の処理、乗組員の救出などについての細かな幕府規定があるものの、紛争になることも多い。米、金銭、木材、布、味噌などの生活物資の他に、船簞笥《ふなだんす》、筆類、碇《いかり》、帆柱など、雑多なものが船舶に積み込まれていたからである。積荷は広く海岸線に浮遊したり、漂着したりするので、収集の際に不正の発生する事態が、しばしばあった。その処理の如何によっては、村や藩の存亡にも関わる大問題★に発展する場合もあったのである。

天保三年五月に江戸家老に就任した渡辺崋山は、藩の海防事務掛りも兼任することになった。同年七月、田原沖に紀伊国の商船が難破・漂着した際に、その地元の領民が積荷の貨物を掠奪したため、御三家の紀伊藩を相手に、事後処理のため、年末まで奔走したという。藩首脳部にとっては、難破船漂着も異国船渡来も、同じレベルの難題だったようである。

▼**大問題**
文政十二年（一八二九）七月、紀州比井浦戸川次郎右衛門船と摂州東明村千蔵船の二艘の下り船が、強風により東ヶ谷村地先で破船したが、その事後処理をめぐって起こった事件。

②

天保中期以後の海防

異国船の到来が頻繁になり、天保中期頃からの海防の取り組みは、幕府の指示・命令ではなく、藩独自の計画に基づいた操練（軍事訓練）を行うことになった。それに伴い、西洋式兵術を導入する機運も高まった。

天保六年の海岸防禦令

天保六年（一八三五）六月二十三日に田原藩が発令した「海岸防禦令」は、天保三年の「海岸難破船之節掟」と比較すると、欧米列強のアジア侵入の動向に対抗する実戦的な内容になっている。

従来の「庄屋宅に集まれ」ではなく、庄屋か、その家筋の者は、①「異変があれば刀を差す郷足軽の役職に任命するから、そのように心得て適切に村人に差図をしなさい」、②「村々で鉄砲の所持を許された者（札鉄炮）は、その村で一つにまとまり、合図で持場へ集まり、二人または三人で組を作り、それぞれの場所に応じた手配と差図を行いなさい」と、緊急の行動が取れるよう指示を出している。

また、③最初に異国船を見つけた場合、「和地大山《わじおおやま》の頂、大村鼻《おおむらばな》の頂、富士尾山《ふじおやま》★

▼**和地大山の頂、大村鼻の頂、富士尾山** それぞれ領内西部で表浜近くにある山、表浜の山塊東端の高松村の山（おそらく尾村山、尾村崎のこと）、内陸部大久保村にあって田原城からよく見える山。和地村や越戸村など領内西部の海岸に異国船が出現した場合、烽火のリレーにより速やかに異変を田原城まで知らせることができた。

領内の山々

の頂の三カ所の烽火台《のろしだい》へ火をつけ、合図をして直ちに出陣の用意をしなさい」と、自分の村だけでなく広範囲の注意を呼びかけている。

さらに村人には、④「異国人が浜辺に上陸してきたら、用意してある大石を崖の上から落として打ち敷きなさい」⑤「異国船がほど近く見えたら、浜辺の茂みに数カ所幟旗《のぼりばた》を立てなさい。夜になったら松明《たいまつ》を絶やさないように燃やしなさい」⑥「異国船が接近して来たら、手廻しよく中筒あるいは炮烙火矢《ほうらくひや》★を隙《すき》なく打ちなさい。敵を蹴散らすのではなく、猛威を示して近づかせないようにするのが第一だからです」と、実際の戦闘に備えた命令を出している。

また、藩日記には、浜固めのための陣容が詳細に記されているが、おそらく実施されたものではなく、机上の構想・計画であろう。実際に浜辺で夷人の上陸を想定した操練が行われたのは、天保九年（一八三八）のことである。

天保七年に渡辺崋山が部下の真木定前にあてた手紙には「操練は今一度本間《ほんま》（本当に）にやり候方しかるべくや」と、海岸での陣立てや操練を想定して、本気で取り組む気概の大切さを指摘している。さらに、「その上操練の仕様は誠にもって奇々妙々、人数は凡そ拾弐人入れ申し候。先ず三人にて習わせ候積りなり。一間《いっけん》前に拾弐人立ちに御座候」とある。崋山の手控え「客座掌記」などから推察して、三人ひと組で、一二人が一つの隊となって動いたのであろうか。また、「手ワザは尤も妙なり。年来の望み相遂げ申候」とあり、西洋式の軍隊の新しい

▼**炮烙火矢**
焼夷弾的爆弾で、硝煙・硫黄・炭・松脂・樟脳などを混合した火薬を丸い玉としたもの。手で投げるものと発射式のものがある。

隊列の動きを取り入れることを喜んでいることがわかる。さらに「テッポー（鉄砲）書も追々相集り、巣鴨下屋敷★にては翻訳もできている。（中略）隊将の書も手に入れた。拾四五両もかかったが、これはその後の翻訳に役立った」とか、「水《すい》府《ふ》（水戸藩）の新本二冊とも写し取った。テッポー製造までくわしく書いてある。いずれ半助（家老佐藤半助）どの、範致（前出中小姓村上範致）両人★に読ませたい」とある。田原藩は最先端の兵学書を購入し、写本したり翻訳したりしていたことから、水戸藩のような大藩からも注目されていたことがわかる。

しかし、荻野《おぎの》流砲術が相変わらず根強く藩内に浸透していたから、西洋流砲術はなかなか藩内に広まらなかった。藩日記によれば、天保八年一月二十八日、用人は給人格納戸役の斉藤寛吉、村上国助★の二人を呼び出し、人払いの上、岡崎御家中荻野流火術方の井上杢衛《もくえ》を当地へ招いたから入門するよう命じた。その日記の後段に村上範致にも同じ砲術稽古を許している記事が見られる。範致は崋山から西洋流の砲術の担い手になることを期待されていたが、他方で荻野流火術稽古にも入門していたのである。井上杢衛は三月四日まで田原に逗留し、入門した藩士に懇切に指導している。さらに七月十六日、九月一日、十一月十六日にも田原を訪れ、船打など火術試（演習）を実施した。とくに九月は藩主康直の御覧のもとで行い、康直から言葉をかけている。

▼下屋敷
三宅友信の巣鴨屋敷のこと。

▼半助どの、範致両人
崋山は、鉄砲の模造や西洋式兵術の藩への導入を図るための指導者として、半助と範致を想定していた。

▼斉藤寛吉、村上国助
二人は、家中士分約百名中三十番台の家格。当時、荻野流の師範としては者頭の雪吹伊織がいる。その後継者として二人を育成しようとする意図があったと思われる。

天保九年の海岸操練

戦国の争乱から遠く隔たった江戸後期には、路頭で武器を使用することは、禁止されていた。城内や道場での剣術や槍術はともかく、実戦形式での操練（軍事訓練）は、城外では通常行われていなかった。藩日記の天保九年（一八三八）二月二十五日の条に、「海岸での陣立てや操練★は、かねてから殿様の本懐だった。操練として毎年猪狩りを実施してきたが、海辺において藩士が甲冑を用い、郷村の者までも動員して、異国船襲来に備えて、操練をしなければならないと心に念じてきた」との記事がある。この件について、昨年十一月に老中松平乗寛《のりひろ》（三河西尾藩主）様に問い合わせたところ、答弁書が届いた。「城外においての操練は、これまで禁止の通達を出してきたが、田原藩の領分は格別の要害の地であるから、希望の通り了承する」とあり、殿様（田原藩主）の本意は遂げられたのである。

海岸での操練は、十一月二十六日に実行されるが、九月二十六日から準備に取りかかっている。十月二日には「海防につき操練」の取り調えのため、用人一同が家老佐藤半助宅に寄り集まり、実施にあたっての図面や要注意事項の読み合わせをしている。同十二日には佐藤半助、勝手総元〆真木定前、用人市川茂右衛門の三人が、赤羽根村の操練の場になる海岸を見分し、操練掛りの面々も随行した。

▼海岸での陣立てや操練
一般藩士や領民はまだ異国船には遭遇してないので警戒心が薄かったが、万一の襲来についての危機意識は、崋山ら藩首脳部には強かったと思われる。

表浜海岸（高松村海岸）

同二十一日の早朝には、大筒《おおづつ》（大砲）・ほら貝・鉦《かね》・太鼓などで藩士全員を招集し、次いで小規模な操練を本部から諸隊に伝達し、軍の陣立てで蔵王山まで行き、備え打ちを実施している。

十一月二十六日当日の藩日記には、操練出発時のようすが記されていて、それを読むと、「五色の御旗」「陣羽織」などのりりしい姿が想像できるが、実際の操練についての記述はない。操練の実際のようすは、操練を見物していた大草村の庄屋の「藤井家文書」に、次のように紹介されている。

御家中（藩内）の者は五組に分かれ、各大将は陣笠をかぶり、金襴羅紗《きんらんらしゃ》★あるいは真っ赤な陣羽織を着し、銀の采配を腰に差して馬に乗り、供の者も実戦的な装束をしている。各組では大幟《のぼり》と小幟を用意し、色は五色に分かれ、幟の数は合わせて五、六〇本ほど、弓や鉄砲も何百とも数知れず。その外大筒三挺を地車に乗せて、引き回している。（後略）

村人は、操練を大がかりの芝居のように見ている。家中の装束や大筒、弓、鎗鉄砲、供廻りなどの華やかさに目を見張り、日頃は藩に対して年貢の取り立てなどで不満を持っているのに、この時は何かしら信頼感を抱いているように見受けられる。海岸での実地の海防訓練は、当時まだ珍しいものだっただけに、諸藩からの反応も相当あったようだ。天保十年三月十八日付の真木定前に宛てた崋山の書簡には、次のような記事が見られる。

▼金襴羅紗
織物の一種。綾、緞子（どんす）、羅紗（らしゃ）などの緯（よこいと）に、紙に金箔を貼って、これを細かく切った平金糸で模様を織り出したもの。

▼大坂番所役勤務
大坂加番のこと。

今度の大坂番所役勤務★については、古来稀なる大凶荒がかえって幸いとなり、将軍参詣の供奉行を免れ、海岸での操練も褒められ、幕府への臨事上納金も免れることができた。御褒詞により他家の例と異なり、大坂加番に任ぜられた。将軍の代替わり★の初めに褒められたのは、鍋島侯★、遠山侯★に次ぎ、諸侯の御手本となった。海岸操練もちょっと芝居がかったところがあるものの、二、三日前には浜町の牧野様（丹後田辺藩）からわが藩の用人八木仙右衛門のところに相談があった。私の家には藤堂様（津藩）と雲州《うんしゅう》様（松江藩）が、我藩が城内以外の普通の土地で実際の武器を使用する軍事訓練を実施しても構わないか、という伺いを幕府に出した時の伺書を見本にしたいと借りに来た。水府様（水戸藩主徳川斉昭）も、来年あたりもう一度わが藩に使者を送るそうである。三宅家すら許されたのだから、水戸藩でも甲冑を用いた操練をやってみたい、と水戸藩士の松延《まつのぶ》という者から問い合わせがあった。これらは小藩田原藩のやり方を、大藩が真似るということである。人の噂はすぐには元に戻らない。毛を吹いて疵《きず》を求むといわれるから、よくよく慎しみ自重してください。

末尾の「毛を吹いて疵を求む」は、小藩でありながら身の丈を超える褒詞を授かった田原藩への羨望やねたみがあるから、細かいことにも気をつけろ、油断するな、と言っていると思われる。当時諸藩から田原藩がどの程度評価されていたかはわからないが、崋山としては少し気負っていたようだ。「毛を吹いて疵《きず》を求

▼将軍の代替わり
天保八年九月、将軍家斉隠居。同八年九月二日、家慶第十二代将軍に就任。

▼鍋島侯
鍋島直正、肥前藩主、天保元年（一八三〇）襲封。

▼遠山侯
美濃国苗木藩、第十一代藩主遠山友寿（ともひさ）。

む」という警句は、国元田原で藩政を担っていた真木定前に向けられるよりも、むしろ崋山自身に向けられるべきだったのではなかろうか。

天保十三年の海岸操練

天保十一年（一八四〇）の海岸防備操練は、藩主康直が大坂加番で不在のため、十月十六日に蔵王山《ざおうさん》の麓で、およそ三〇〇人という規模で簡素に行われた。

天保十三年三月十三日に海岸出張陣立てを公布し、同年四月十一日に「海岸防禦出張壱番手・弐番手」と称して、早朝と昼の二手に分けて訓練をしている。さらに九月二十九日に「海岸防備出張手当の定」を発表し、二カ月の準備をして十一月二十六日に操練を実施した。

渥美半島の太平洋側海岸の大部分は、浜辺に向かって標高三〇メートルから五〇メートルくらいの急傾斜の断崖になっており、遠見番所は海原や砂浜を見渡せる高台に建てられた。遠見番所から海岸の砂浜に下りる通路は、断崖が雨水によってV字谷状に浸食された幾筋かの欠け間を利用した小路である。当時の地形の詳細はわからないが、太平洋側海岸の大部分は波打ち際にかなりの幅の砂浜が広がっており、波や風の力でできた砂丘もあった。

こうした海岸で異国船襲来に備えた陣立操練を終えた後に向かう比留輪原★は、

赤羽根海岸（現況）

▼**比留輪原**
村上範致は、異国人が上陸して戦いとなった場合、海浜での戦いを避けて、広い比留輪原へ異国人を誘い出す作戦を想定していたようだ。

赤羽根村と野田村との境界の土地で、なだらかな丘陵地である。比留輪原の操練は、次のような行程で実施されていたようだ。

①赤羽根海岸遠見番所へ一番手の者が駆け付け次第、地形をよく考え、適切な場に幕を張り、それぞれの小さな陣を設ける。

②殿様が遠見番所にお入りになったら、行軍操練の指示を合図する。

③実際の野戦のように一番貝で兵糧の備えをし、二番貝で甲冑を身につけ、三番貝で隊列をつくる。ほら貝や太鼓・旗の指示により赤隊、白隊、中軍★、青隊、黒隊、輜重隊《しちょうたい》★が海岸より繰り出し、高台の広い比留輪原へ移動する。

④比留輪原で斥候《せっこう》の報告により作戦を練り、仮想敵に向かって進軍する。

⑤大将が直接統率する中軍よりの大砲の合図で、その場に座って鉄砲を撃つ。小筒の大砲は輪番で放つ。

⑥貝と太鼓による急命で一斉に声を上げ、敵に向かって諸士は刀、足軽は鎗を持って攻め込む。

⑦敵の印《しるし》（首）を取って持ち帰る。一、二番の者は武功を立てた者とする。

十一月二十六日の操練では、敵将の印を取った（実戦ではない）天晴れな勇士は、一番手は松坂和吉、二番手は夏目綱平で、康直から褒詞を受けている。同日の操練の「海岸操練人数配図」が残っており、田原藩領太平洋側海岸東端の久美原村から、西端の一色村までの陣立て人数配りが記されている。

▼中軍
多くの部隊の中ほどに位置し、大将が直接統率する、最も精鋭で守りの堅い軍。

▼輜重隊
武器・弾薬・糧食・被服等の軍事物資を運ぶ隊。

③ 報民倉設立と天保の飢饉

天保三年（一八三二）から同九年にかけて、飢饉が日本列島を襲った。天保四年の飢饉は、東北地方を中心に大きな被害をもたらし、全国的に米価が高騰し騒然となった。その打開策として田原藩がとった方策の一つが、義倉・報民倉の建設だった。

義倉にかける藩主の思い

田原藩の義倉《ぎそう》・報民倉《ほうみんそう》★は、村々にある備荒貯穀用の倉と違い、領内全域を対象とする藩の義倉である。その設立過程を、藩日記でたどってみよう。

天保六年（一八三五）一月二十日、月番家老は藩主三宅康直の意を受けて、用人格（勝手元締）の真木定前、村奉行、元〆、二代官（地方代官・山浜代官）一同を呼び出し、「兼々義倉設立を望んでいたが、勝手向きが難しく延引してきた。しかし、想定外の飢餓の知らせが耳に入ったので、是非とも実現したい。此事についてしっかり相談してほしい。これは藩主の直達《じきたつ》である。倉の名は報民倉とする」と通達した。報民倉の設立を意図した在府の藩主三宅康直と、江戸家老渡辺崋山の思いは、藩主が直接書いた「直書」（「田原藩御定書」所収）として、天保六

▼義倉・報民倉
江戸時代の義倉とは、飢饉に備えて米・雑穀を貯えておく倉のこと。「民に報いたい」という気持ちの表現は、建部清庵『民間備荒録』などにも見られるが、「報民」という言葉は、『大漢和辞典』にも見られず、藩主の相談相手だった崋山の造語のようだ。

年七月末に田原に届けられた。その村奉行及び家中の武士への「直書」の概略は、次の通りである。

①藩主の家計を倹約して余った金を貯え、義倉の貯穀米にする。しかし、藩は多大の借財のため藩士にも引米を申し付けている程だから余裕に乏しい。

②凶荒を救う手だてがないのは、武士としては二刀がないのと同じようなものだ。すでにわが藩では先代様が稗《ひえ》を囲い置き、延宝の飢饉の際には領民に分け与えて危機を乗り越えた。しかし、その後は貯穀できない状態だった。

③藩主としての私は民の父母であり、其方藩士は民の兄である。私の民に報いたいという本意は、藩士共にとっても本意であるはずだ。まず私自身が厳しく倹約し余った米を義倉の貯穀米にするよう努めるから、おまえたちも私にならって倹約しその余った米を義倉の貯穀米として貯えるよう申し渡す。

報民倉の性格を物語るこの直書の思想的特色をまとめると、次のようになる。

第一に、仁君は百姓を撫育《ぶいく》し、御救いに努めるという「仁政イデオロギー」のもとで、「安民」「済民」「救民」を唱えた藩主は、松平定信《まつだいらさだのぶ》はじめ全国各地の名君を幾人か挙げることができる。しかし、「民に報いる」ようにしたいと表明した藩主は、全国を見渡しても、田原藩主三宅康直の他には見あたらない。幕藩領主がその収入を百姓からの年貢上納に依拠している以上、「民に報いる」道は年貢の減免や民の権益を拡充することであり、それは藩の財政収入を豊かにする政

▼『田原町年表』に見る江戸期の主な飢饉

●延宝三年（一六七五）
昨冬より領内大飢饉、餓死者多数。野田村年貢八〇〇俵余滞納、村人一五〇人、藩に人質にとられる。大草村、若見村両村は滞納した庄屋組頭の女房が藩へ人質に取られる。領内飢人二〇九六人に五五日分稗五〇二俵を渡す。この代金一二五両。

●天和二年（一六八二）
一月、領内飢人一二五一人に救い稗一七二石、この代一〇五両。
二月～四月、野田村飢人四〇七人に稗五一石、代金三一両。

●正徳五年（一七一五）
凶作にて餓死者出る。飢人八六二人に三〇日分の救い稗四八俵を給す。

●享保一〇年（一七二五）
飢人救助人数三六九九人、稗三一二石。この代金六六両。

●明和八年（一七七一）
領内凶作飢饉の家七五九軒へ、救い金二〇〇文ずつ支給する。

●文久元年（一八六一）
領内窮民救麦、三月十六日から四月十二日までの間、一人一合ずつ麦を渡す。

策と矛盾する。いわゆる「仁政イデオロギー」が欺瞞《ぎまん》といわれる所以である。しかし、欺瞞的であるとはいえ、村社会に仁政を求める声が広く存在し、藩主からの恩義を説く庄屋も多いことから、「民に報いたい」という藩主の言葉は、藩士や領民に藩主に対する信頼と希望を与えたのではなかろうか。

第二に飢饉の悲惨な事態を救えないのは、武士にとっては刀がないのと同じほどの恥辱である。救恤《きゅうじゅつ》にあたる主体は武士であるから、義倉の元米《もとまい》（最初の貯穀米）は領主家計から出すべきものである。田原藩の報民倉は、全国各地の義倉のように領民からの出穀を求めていない。全国各地では、打ちこわしの恐怖から逃れようとする豪農や豪商が、自ら義倉の元米を拠出したり、余裕のある郷村に割りあてた元米を増徴したりするのが、通例だった。田原藩の報民倉は類例のないやり方をしていたことがわかる。

第三に、一般の藩士を「民の兄」と位置付けていることは、一般藩士を藩主と同じくの領民の支配者と位置付け、仁政に協力せよと力説していることを示す。一般藩士は役人としての任務の他に、封建的主従関係の論理で、主体的に救恤に取り組む任務を負わされたのである。

なお、藩主康直は藩主家計を節約し、二〇〇俵の貯穀米を用意したといわれる。こうした藩主名によるトップダウンの通達から報民倉は発足したが、その後の藩日記には、報民倉関連の記事はしばらく出てこない。やっと同年八月二十九日に、

康直書の報民倉扁額
（田原市博物館所蔵）

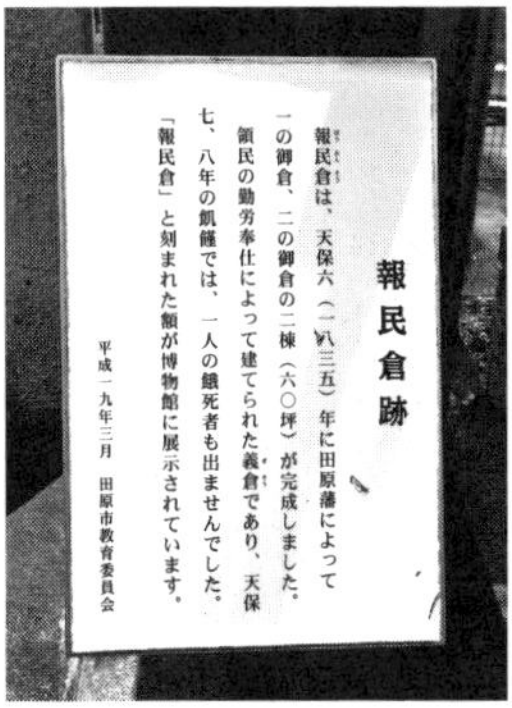

報民倉跡地説明板

用人市川茂右衛門、村奉行、元〆、蔵元、代官、普請方、大工共、地方手代らが、報民倉建設予定地に出向いて、実地見分するという記事が見られる。場所は、城の南西角、桜門を背にしてすぐ左手である。大手門から桜門への大手通りに面し、桜門南の堀に隣接した地で、北側に藩校成章館、南側に馬場がある。

家中の竹木寄進と籾米献上・勤労奉仕

前掲のような藩主の直書に対して、田原藩の一般の藩士は、どのような反応を示したのであろうか。藩日記によれば、家老・大目付・用人たち上層藩士の働きかけに応じて、勤務中の空いた時間に普請現場へ出向いたり、自家の屋敷地にある竹や木を建築材料の足しにしてほしいと申し出たりした。有り合わせの竹や木の他にも、石・瓦・藁《わら》・建物の側面に使う蔀《しとみ》板を差し出したい、という申し出もあった。建築材料の寄進の内訳は、竹二一人、竹木四人、竹瓦二人、石二人、蔀板三人、寸莎藁《すさわら》★一人である。彼らは徒士一人を除いて、いずれも士分の者である。

献米の多かった者は、家老（筆頭）鈴木弥太夫の一二俵を筆頭に、家老川澄又次郎・佐藤半助・渡辺崋山、勝手元締真木定前の一〇俵、用人の市川茂右衛門・八木八右衛門の七俵であり、ほぼ身分に応じて献米していることがわかる。一

▼寸莎藁
壁土に混ぜて、亀裂を防ぐつなぎとするために細かく刻んだ藁。

俵以上の献米者二一人は皆士分で、他に献米量二斗・一斗五升・一斗の者が五九人にのぼる。彼等の身分は、給人格萱生源左衛門《かようげんさえもん》（学校掛）を除いて徒士・足軽・中間で、全体で合計八〇人が献米に加わっている。ここで注目したいことは、「献上仕度候」という見返りを期待しない「献納★」だったことである。家中の武士からの献上米は、他藩ではほとんど例を見ない。多くが一斗ないし一斗五升という暮らしの中での節約から産み出されたものと思われ、献米の総量は一四一俵三斗になる。「報民倉寄付帳」に記されている名前は、すべて武士（士分の医師を含む）の名であり、百姓や町人の記載はない。なお、竹木寄進や義倉元米の献上とは別に、建設現場の手伝いを願い出た記事が、藩日記の同年十月の条にいくつも見られる。

報民倉建設の経過

天保六年（一八三五）八月二十九日に普請現場を検分し、九月七日には義倉が屋敷地にかかる者に承諾や土地の交換を済ませている。同十二日には玉置恒右衛門を報民倉造立普請方に任命し、同十五日には報民倉の地鎮祭を挙行している。

普請現場の地ならし、石運びなどは、当初は家老・用人・者頭・祐筆・中小姓など、給人・連帋以上の中堅から上級格の武士★が参加して進められた。十月中旬

▼献納
天保九年三月、家中土井古右衛門、吉住右衛門七が、報民倉からの借穀を用人市川茂右衛門に願い出ているが、武士が借りるものではないと断っている。

▼中堅から上級格の武士
最初、藩庁での役務終了後に、見分がてら家老や用人などが自分の家来を連れて手伝うことから始まり、役所で働く上中級の武士の多くが加わった。

から作業は、普請現場と石採取の作業とに分かれる。石はおそらく傾斜面地の土留め用であろう。藩の学校掛・成章館指南役である萱生源左衛門から、自分自身も部屋住み若手の六人と共に、報民倉普請のお手伝いに参加したいと願い出★があり、翌日には成章館の生徒が参加するようになった。

普請現場では十月二十五日に「報民倉地形出来、今日より柱建て」、十一月三日には棟上げをし、倉の外形が現れる。十一月六日には「若手、足軽ども御倉こまい★御手伝い」と粗壁《あらかべ》の用意が進められている。石採取の作業は、「石堀出し」から「石曳き」「石取り集め」に替わり、十一月に入ると「石集め石運び」が多くなってくる。作業の参加者も、寺僧・神官など宗教者、町・村役人に加えて、豪農などの名も見える。参加者の延人数は一七〇〇人に及んだという。そして、十一月末には報民倉建設の工事は、ほぼ完了し、貯穀米も搬入された。

▼手伝いに参加したいと願い出
藩庁で働く武士は、それぞれの集団で、一人前ではないが、何なりとも手伝いをしたい、という内容の書付をもって伺い出ている。

▼こまい
土壁の芯として、下地に組まれた竹や木。

報民倉の披露

江戸より帰城した藩主三宅康直は、天保七年（一八三六）七月二十一日に報民倉を見分した後、担当役人を呼び出し、「出来ばえに満足している。この倉は困窮している人を救うためのものだから、決して通常の入用のために使ってはいけない。そう心得よ」と命じている。

その後、城下町の広中六太夫、鈴木甚十郎の両名に報民倉御用掛を仰せ付け、名字を名乗ることを許した。町の庄右衛門、浜田村の弥八郎、安原新田元〆の佐平、仁崎村の伝七には、六太夫、甚十郎と協力・相談して、報民倉運営のために励むよう要請している。藩の御用達商人や豪農である彼等は、たびたび御用部屋に呼び出され、藩の金策に協力した間柄だった。

全国各地の義倉では、前述のように元米に受益者たる農民が出穀するのが、通例だった。備荒貯穀を進めるため、農民の収める年貢米に貯穀米分の負担が追加されたり、庄屋がその村を代表して上納するのが一般的だった。しかし、田原藩の報民倉には、農民が元米を求められた形跡はない。領主の拠出した元米も、元来は農民からの上納米であるが、新たな負担を農民にかけないように取り計らったのである。こうした藩主康直と崋山ら藩首脳陣の施策は、「天の理法を体現して道徳的な仁政を行うべし」と説く為政者は栄え、「不道徳な悪政を行う為政者は亡びる」という儒教的な徳治主義の精神に基づく特例として、全国的にも注目される。

さらに、家臣としてどうあるべきかを模索して、家中の武士が個々の財力に応じて元米を献納をしたこと、建設材料の寄進、作業手伝いへの参加などの行為も、他藩に類例を見ない点で特筆に価するといえよう。ただし、発足時の報民倉の元米は、量的に十分だったとはいえず、その後の報民倉★が、田原藩の民生の安定に

▼その後の報民倉
報民倉からの飢饉救出米は、嘉永五年（一八五二）十二月、大殿康直の決断で三〇〇俵放出された。同六年四月、文久二年（一八六二）三月にも、大殿からの指示で御救米が搬出されている。報民倉は明治維新まで運用された。

どの程度寄与したかは、今後の研究課題である。

天保の飢饉と田原藩

藩主康直を迎えて報民倉の披露、その設立労苦に対する褒詞褒賞と慰労の会を終えたばかりの天保七年（一八三六）八月十三日に、大風雨と高潮が領内を襲った。農産物の被害は甚大だった。九月二十日の検見によれば、今年は稲の生い立ちも順調に見えたが、先日の大風雨や高潮のため、早稲は風あたり、汐あたりの被害で、実りのない穂が多く見られる。晩稲も作柄が悪く見える。麦や蕎麦は種も取れないくらいの打撃であるとし、今年の作柄評定を「下下★」と決めた。

深刻な凶荒状態が目前に予見される事態となった同年暮れに、藩首脳部はどのような対策を採ろうとしたのだろうか。藩主康直はまず江戸家老渡辺崋山を国元に呼び寄せ、凶荒対策にあたらせようとした。しかし、あいにく崋山は病床にあって、田原へ赴くことはできず、代わりに救恤《きゅうじゅつ》のための方策を練り、心得書も含めていくつかの指令書を認めて国元に送った。翌天保八年にも、康直は飢饉を救うべく崋山の帰国をうながしたが、崋山は病気が快復しないため、自分に代わって信頼する部下の真木定前を田原に派遣した。

具体的な救恤策を探る前に、崋山が起草し、天保七年十二月七日に公布された

▼下下
「大廻り」と呼ばれる検見を実施しているが、その評定は「上上・上中・上下・中上・中中・中下・下上・下中・下下」の九段階である。「下下」は最も低い評価である。天保前期は中上・中中が多い。

「領内のものへ申渡」を見てみよう。この触文は「領中のもの我等を殿様とのみ心得おり候はよろしからず候」という文言に始まるが、概要は次の通りである。

①私こと田原藩主は、領中の者どもの父母である。だから藩の役人共は、領中の者の兄といえる。私を親、役人を兄と思って、頼りにしなさい。

②私は食物衣類身の回りの品すべてで特段の倹約を心がけ、領中の者の耕作の骨折りに報いたい。領民の一人でも餓死離散するようなことがあれば、親である私にとってこの上なく辛いことである。役人たちに必死に救護するよう厳しく申し付けておいたから、安心して役人の申し付けを堅く守りなさい。

③困難な財政状況の中では兄たる役人も、窮民救護に難儀するだろう。弟たるおまえたちも、兄たる役人の苦労を察し、自ら食物確保の工夫をし、村や家が存続できるように力を尽くしなさい。

④私欲を企てたり、悪事を勧めたりすることは、領民の敵である。

この触書は、報民倉設立時に出された直書と、相通ずるところがある。領民を「畏《かしこ》むべし敬《うやま》うべし」対象として遇するこの触書は、村人を集めて伝達するよう指示しているし、村の庄屋文書にも残されている。情愛に満ちたこの触書は、領民たちを感激させ、明治初年まで毎年村人に読み聞かせた庄屋があった、とも伝えられる。

救恤の実態

（Ⅰ）報民倉からの搬出米

報民倉からの救出米に関しては、赤羽根中村庄屋の「鈴木三十郎家文書」よれば、次の三回の記録が確認される。

①天保七年十二月二十六日

飢饉で苦しむ百姓救済のため、廻状で通達する。男女を問わず食べ物に困っている者が、万一病気になった時、粥米《かゆごめ》の手当として報民倉の囲米から米一俵を村々へ渡すから、二十八日正午過ぎに村役人は、村の人足を連れて報民倉まで来なさい。また、万一大病人が出たら、組合★、親類はもちろん村役人も、朝晩の区別なく念入りに世話をしなさい。

②天保八年二月三日

村々より書き出し届け出た困窮者に対して、本日から四月二十日まで一人一日一合の割合で、米、麦、稗を十日分ずつ貸し付ける。穀物を入れるためのかます★か、袋のようなものを三つ用意し、人足を連れて二月六日に報民倉に来なさい。報民倉で穀物を借りた時の利息は二割とするから、自力でやっていけそうならば借りないように。また、拝借穀物の記録をつける帳面も持参しなさい。

▼組合
五人組や講、寺社関係の集いなどの互助組織。

▼かます
わらむしろを二つに折り、左右両端を縄で綴じたもの。

③天保八年四月十七日
廻状で申し触れる。村々の拝借穀物は、二十日の十時頃より、五日分渡す。例の通り心得て帳面持参で来なさい。

報民倉の貯穀米を領内二四カ村は、どのくらい拝借したのかわからないが、四月二十日には「仕舞《しまい》御蔵出し」と記されている。貯穀米は早急に底をついたが、火急の救助米としては役立っていた。なお、利息はその後免除している。

（Ⅱ）粥施しと医師の廻村

藩日記の天保八年（一八三七）二月五日の条に、藩医・鈴木春山が、江戸の崋山の母から領内の窮民に粥施《かゆほどこ》しを依頼されたが、どうしたらいいかと、用人へ伺い出た記事が見られる。家老からは粥施しとは奇特なことだ、やってもらおう、日時・場所は二月十日に久美原《ぐみはら》村★で行うように、と指示を出している。

同年八月二十六日には、天保七年の大凶作を無事乗り越えられたということで、褒詞褒賞の場が設けられている。家老鈴木弥太夫と川澄又次郎に、昨年非常の凶作のところ最初から骨折り、万端行き届いた処置のおかげで、一人の餓死離散も出さなかった、特段の出精だったと、熨斗目《のしめ》（小袖）一つずつ与えられている。家老として指導力を発揮したことが、評価されたのであろう。

次に褒詞されているのは、家老鈴木弥太夫の母、家老川澄又二郎の母、家老佐

▼久美原村
太平洋（遠州灘）に面し、田原藩領東端の村。高台で赤土の土壌のため、天候不順や強風などの自然災害では、農作物の収穫がひどく減少し、飢饉状態に陥ることが多かった。

藤半助の母、勝手元〆真木定前の母で、褒賞として金一〇〇疋ずつ与えられた。昨年凶作の時、領内の窮民へ内々粥施しをしたことに、殿様も心を動かされたことを示している。

ここで女性が表彰されていることが面白い。実際に、当の女性自身が粥施しに関わっていたどうか、確認できない。藩日記の記述に殿様の「御感ななめならず（並み一通りではない）」とあること、表彰が一般藩士や領民の知ることなので、身内びいきの褒詞ではなく、それに見合う善行があったと思われる。実際に上級藩士の家族の女性が粥を煮て、窮民に分け与えたのであろうか。そうだとすると、飢饉時の藩の上級役人は、単に号令をかけ指示しただけでなく、家族ぐるみで粥施しに当たったことになる。

さらに注目すべきは、役人の務めとして救恤にあたった役職者の褒詞褒賞の後で、「救い方骨折大儀」などの名目で、二度目の褒詞褒賞を受けた者もいたことである。また、生田何右衛門ら中級役人や中村玄喜・鈴木春山ら藩医の個人的な粥施しも、褒詞の対象だった。領内の六人の医師にも、「病者療養のため折々廻村いたし、大儀である」として一〇〇疋★が与えられている。

（Ⅲ）老人福祉の対策

藩日記の天保八年四月七日の条に、殿様が廻村された際、老人のことを殊にか

▼一〇〇疋
一疋＝一〇文、一〇〇疋＝銅銭一〇〇〇文、一貫文。一両＝銅銭四〇〇〇文。

わいそうに思われ、七十歳以上の者へいささか御恵みを下し置くから、行き渡るように頂戴させなさい、と指示したという記事が見られる。

このいささかの御恵みというのは、銭二〇〇文である。文久四年（一八六四）の赤羽根中村『人別御改書上帳』よると、惣家数合計一二二軒、惣人数合計六七八人の村で、七十歳以上は三六人である。すなわち赤羽根中村全人口の中で七十歳以上の者が占める割合は、五・三パーセントである。天保三年（一八三二）の『地方秘録』によれば、領内総人口二一五四九人のうちで、仮にこの割合で領内の七十歳以上の人数を試算すると、約一一五〇人であるから、合計金額は二〇〇文×約一一五〇人＝約二三〇貫目だったと推定される。

(Ⅳ) 施し・奇特の者・後報符板

善行者の表彰事例を収録した『官刻孝義録《かんこくこうぎろく》』は、寛政改革の時に民衆への教化策の一つとして、幕府により享和元年（一八〇一）刊行された。親孝行とか出精、先祖へのつとめ、忠孝など多方面にわたって、善行者を表彰する事例集である。田原藩でも、大凶作を目のあたりにして難儀している窮民を救う手立てとして、富裕者に施しを期待した。天保七年十二月に渡辺崋山が真木定前に救荒対策を指示した手紙に、「奇特の者をほめたたえること」という一文があり、凶作で苦しむ人々に施しをした者を表彰する旌標《しょうひょう》という木札について触れている。救民、献穀、献金などの善行者に与えたものである。本来、藩がやるべき施しを豪農に代行させていたようだ。極楽新田元〆渥美善四郎の「天保四癸巳年ヨリ日鑑」に、次の記事が見える。

天保八春、私（渥美善四郎）は村内の困窮者へ、小麦・飴粕《あめかす》代として金四両三分と七〇文を救援のため恵み与えた。それを藩役所に報告したところ、褒美として書物をもらった。新家の善之助も、同様に褒美をもらった。同年八月二十八日には新倉（報民倉）において、二つの組盃の目録と後報符板という書付をもらった。

後報符板とは、奇特な行いをしたことを表す板である。また、藩主康直の行動について渥美善四郎が書いた文に、殿様自身が村々を巡見し、困窮した農家に立ち寄ったことが記されている。彼が元〆を務めている極楽新田で実際に目撃したことか、他村での出来事を耳にしたのかはわからない。

なお、困窮者のうち七十歳以上の者に、一人鳥目二〇疋★ずつ藩から支給した。極楽新田では源左衛門父、与次右衛門祖母、吉右衛門母、市左衛門・勘十郎の祖母ら五人に渡され、合計一貫文になった。

さらに、同年九月十九日朝から供の人々を従えて浦村へ巡見に出かけている。この日は仁崎村、白谷村、片浜村、波瀬村、浦村、吉胡村を廻った。御供村奉行大島祐左衛門、地方手付加藤牧右衛門が先に出仕し、一村一村奇特者★を呼び出している。御用達商人や庄屋、小前百姓の者など、奇特の者を村奉行が村人の前で

▼鳥目二〇疋
鳥目は、銭貨は円形で方形の穴があいていて鳥目に似ていたことから銭の異称。一疋は一〇文だから鳥目二〇疋は200文のこと。

▼奇特者
奇特者は、翌年の『褒詞内願書』（後述）によれば、三〇〇人に及んだという。

褒詞褒賞を行い、殿様がその趣意を述べている。それぞれの村で褒詞を受けた者が何人いたか、その奇特な行いがどういう善行だったかは、具体的にはわからない。

当時は村請制が確立して、村の重立《おもだち》（中心になる人々）や庄屋・豪農が、自発的に困窮者を援助する慣習のような社会保障的システムが、すでに存在していたようだ。豪農・豪商にとっても、一揆や騒動を未然に防ぐことは、自らの生活や財産を守ることになるから、困窮者の扶助は必要なことだった。社会的弱者へ手を差し伸べる藩政が、村役人や重立ちの手を借りて行われたのである。田原藩にとっても、領民を飢えから救い、困窮者の生活を守っていくことは、藩体制を安定的に維持する上で必要不可欠なことだったからである。

藩主による米を持参しての巡村も、時々行われたようである。困窮者を見つけ次第、米を置いて「御救い」を実施したのである。天保八年二月に七日間、一六カ村を廻り、同年八月三十日から九月二十日までの間に、三二の村々（重複あり、領内二四カ村）を廻村巡見していたことが、藩日記に記されている。藩主自ら領民の生活を巡見しようと村々に入り、一軒、一軒暮らしぶりを尋ねていたことは、天保期の日本では珍しいことだったのではなかろうか。

田原藩は、天保の飢饉を死者や流亡者を出さずに乗り切ったことにつき、将軍家からの褒詞《ほうし》を願う『褒詞内願書』（崋山が執筆）を、天保九年閏四月二十二日付で幕閣宛に提出している。その結果、同年八月十六日に老中水野忠邦《みずのただくに》★（浜松藩主）から返答があり、「御用の義があるから明十七日の午前十時に、三宅土佐守の名代として一類中(三宅家の親族)から一人江戸城に登城せよ」という書状を渡された。十七日、名代石川総紀《さとよし》★（亀山藩主）が登城し、白書院縁側で老中列座のなか、水野忠邦の賞賛の言葉を聞き、次のような文面の書状を拝受した。

> 三宅土佐守の領分では、去る申年（天保七年）一方ならぬ凶作だったが、救民救い方の手当が格別行き届いていたという。このことについてよく耳にし、一段とよいことと承知している旨、沙汰する。

前述のように田原藩は、海防と安民（人々が安心して生活できるようにすること）という二つの課題とよく取り組み、かなりの成果を上げたといえる。しかし、そこに落とし穴が待ち構えていた。翌年の蛮社《ばんしゃ》の獄である。皮肉なことに老中水野忠邦が、蛮社の獄のしかけ人の一人になったのである。

▼水野忠邦
江戸後期の老中。浜松藩主。後に天保の改革を主導する。鳥居耀蔵を重用し、蛮社の獄を引き起こすきっかけを作った。一七九四〜一八五一。

▼石川総紀
康直の妻於明と石川総佐の妻は、共に遠州横須賀藩主西尾忠善の娘で姉妹関係だったから、康直と總和は、義兄弟の間柄。

これも田原

田原と江戸の物価

今日でも田原と東京、あるいはどこかの地方とでは、食べ物や日常の品で、味や価格の異なる場合が多い。国元蟄居で田原居住を始めて間もない天保十一年（一八四〇）五月二十九日に、崋山が椿椿山宛の書簡の中に崋山一家の暮らしぶりや江戸と田原の品物や価格について記している。

崋山が田原で称賛しているものは、魚類で、その味のよいこと驚くばかり、と書いている。

ヒラメ二尺三寸の物が銭一二三文、キス一〇尾が一三文、イカの小さいものは一杯三文だ。江戸でも見たことのないイカ、紺《こん》碧《ぺき》金銀に光り体中にまだらのあるヒゲ共に三尺、身ばかり一尺三・四寸、身の厚さ八分もしくは五分もあるものが、一杯八〇文であった。この季節はアジ、サバが多く、カマスもあり、大抵一〇〇文も出せば、家族全員でも食い飽きるほどだ。江戸で食べていた量なら、五〇文で足りる。

菓子は最上饅頭一つ四文、いまさか（今坂餅）三文、これはその味を勘案すると、少し高い方だ。酒は至ってよい。一升は一〇〇文から二五〇文くらいまでだが、一升一〇〇文の酒は誠に美味い。給金（年棒か）は女四貫文、男二両。風呂は五右衛門風呂にて、毎日焚いても薪に不足しない。

しかし、魚のない時は、廿日《はつか》も塩物がないことがある。野菜は町で売るものはまったくなく、江戸のようににわかに客があれば、困り果ててしまう。ただ、酒はいつでもあるし、米は最上、麦もまあよい。大根は細く短いが、甘味で、風呂吹大根は最上。人参はほとんどない。茶は自分で摘めば、おいしくない喜撰《きせん》くらいのものはできる。五里離れた吉田（現・豊橋）で、宇治の茶を売っているが、一斤二十五匁くらいのものまでで、江戸より一匁ほども高い。

他に筆墨・紙・文房具・きぬ類、上美なるものは一切なく、樋定規《ひじょうぎ》は吉田にもなく、呆れ果ててしまう。普請については、八畳敷くらいで、床付き違棚《ちがいだな》くらいまで揃えると、畳を除き、建具をつけてたいてい一〇両位。八両くらいでも、できるという。江戸より柱がよいし、さらに六畳敷をつけても、一〇両で請け負うという。

このような次第だから、私の困窮はきわまって、今日 半紙を買うことさえできないくらいだ。でも、飢えるのなんの、というたいへんな困窮ではなく、日常生活の小さいことに困る程度だ。要するに飢寒を凌ぐには、忍びやすい土地である。

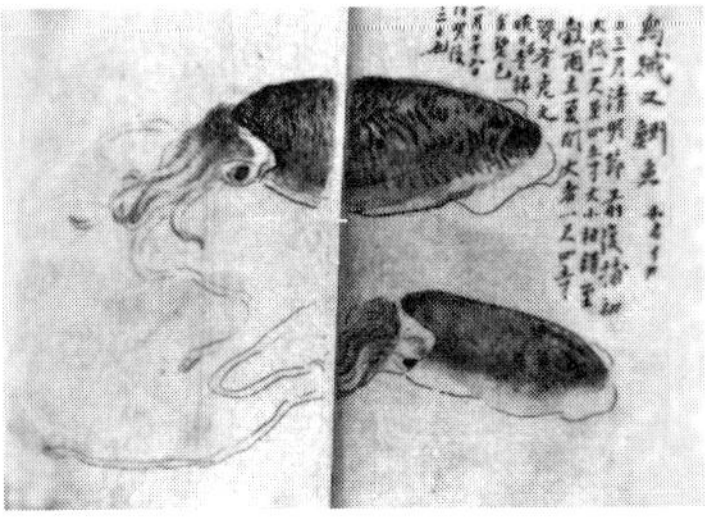

イカ　崋山筆
（「翎毛虫魚画帳」、足利市教育委員会所蔵）

これも田原

俳句と狂歌

田原周辺の俳句と狂歌を紹介したい。

寛政五年（一七九三）の芭蕉百回忌連句集『鷹の石ふみ』に田原人の句が見える。

陽炎《かげろう》や目をしば叩く蟇蛙《ひきがえる》　以中
芹《せり》洗ふ河に覚るぬるみかな　杜石
花蓙《はなござ》に名染《なじめ》ぬ夢やほととぎす　不牛

この地の四季折々の風物や住民感情がいきいきと描写され、この地方でも俳句が豪農や町人層に普及し、一種の知的サロンを形成していたことがわかる。

崋山の蟄居中の日記『守困日歴』の天保十一年（一八四〇）七月九日と八月二日の条に合計六十一首の俳句が記されている。

崋山の幽居宅を時たま訪れた吉田の味噌屋鈴木与兵衛（俳号は三岳）が差し入れた俳書から、抜書きされたもののようだ。選句か俳画を依頼されたものかもしれない。作者は江戸・名古屋・京都など遠隔地在住の人が多く、地元田原人の名は見られない。近在では吉田の三俳人の名がみえる。

旅をして好になりけり真桑瓜《まくわうり》　蓬宇
五月雨や鴟《ふくろう》飛んで煤《すす》まぶれ　水竹
麦秋や仏間の外ハあげ畳　三岳

俳句作りを、地域差や身分差を超えた社交の手段だけでなく、自己表現の手段と自覚する住民が、この地方にもようやく台頭してきたことを物語っていると言えよう。

他方、崋山は自決二カ月前の天保十二年八月十五日の蔵王権現社の祭礼の際に、年若い藩士から、神社に献納する灯籠《とうろう》に書く狂歌の寄稿を頼まれた。崋山は一夜で狂歌百人一首を書き上げて手渡した。現存する四六首は、すべて古今・新古今和歌集などから本歌取りした狂歌なので、その一端を本歌と共に紹介したい。

吉田にて更に女郎のなかりせば春の心はのどけからまし
［世の中にたえて桜のなかりせば春の心はのどけからまし］

大晦日《みそか》目にはさやかに見えねども我かけとり（借金取り）に驚かれぬる
［秋来ぬと目にはさやかに見えねども風の音にぞ驚かれぬ］

ながらへば子にさへ馬鹿にさるる身ハうしと見し世ぞ今は恋しき
［長らへばまたこのごろやしのばれむ憂しと見し世ぞ今は恋しき］

古式ゆかしい歌に内蔵された美しい自然や恋、いとおしい時間のイメージをぶちこわし、その裏側の女郎買い、借金取り、老人の寂しさなどをリアルに描写している。

これまでの崋山像は、金銭欲や色欲など通俗的な世界とは無縁な〝堅物《かたぶつ》〟として描かれてきたが、江戸市中の生活者だった崋山は、化政・天保期の享楽的退廃的な風潮の影響を免れなかったのである。青年期に大田蜀山人と交際したことのある崋山は、軽妙洒脱《けいみょうしゃだつ》な世界に一時逃避し、換骨奪胎《かんこつだったい》の言葉遊びに興ずることによって、秘かに時流に抵抗する姿勢を保持しようとしたと思われる。また、これらの狂歌を楽しむ文化的教養を身につけた田原の年若い武士や庶民の存在も、指摘しておきたい。

第六章 蛮社の獄以後の田原藩

蛮社の獄後の田原藩の蘭学と兵学の発展、及び藩主家の動向。

田原池ノ原の崋山幽居（復元）

① 崋山の悲劇と進取の精神の継承

崋山は江戸画壇で文人画家として活躍すると共に、田原藩家老として天保飢饉対策や異国船対策で、藩政に新基軸を導入し好評を得た。しかし、崋山の関心は、西欧列強のアジア侵略の危機に向かい、幕閣にその警告を発しようとした矢先に、思いがけない悲劇に襲われた。

崋山の半生と蛮社の獄

最初に渡辺崋山の略歴を記すと、崋山の生家である渡辺家★は、江戸詰の家老や用人・留守居を務める格式の家柄である。しかし、三宅家が西三河の梅ヶ坪《うめがつぼ》を拠点にしていた頃からの家臣ではなく、浪人中に岸和田藩主岡部宣勝《のぶかつ》の仲介で、三宅康勝《やすかつ》藩主の時に召し抱えられ、百石五人扶持を給せられたという。

崋山は寛政五年（一七九三）に江戸三宅坂の田原藩邸（今の最高裁判所辺り）で、留守居添役渡辺定通《さだみち》の八人兄弟の長男として生まれた。父が二十年来の病気で薬代がかさんだ上に大家族のため、幼少の頃から貧困に苦しんだ。しかし、藩主の寵愛を受け、世子のお伽★として八歳から日勤の奉公に出た。家計補助のために画を学び、谷文晁《たにぶんちょう》★に師事して南画《なんが》の基本を習得した。二十三歳の頃にオランダの

▼渡辺家
渡辺家の先祖は、当初越後の大名家に仕えて田代姓を称し、禄八百石を食んでいたという。権右衛門定重の代に浪人したが、岸和田藩主岡部宣勝の働きかけで、三宅康勝の時に百石五人扶持で召し抱えられた。微禄を恥じて妻の姓、渡辺を名乗ったという。

▼お伽
幼い主君につかえて、その遊び相手となること。

▼谷文晁
江戸後期の文人画家。宋元画・明清画・狩野派・土佐派・文人画・西洋画など各種の手法を採り入れた。多くの文化人と交流し、江戸後期画壇の大御所的存在。一七六三〜一八四〇。

絵を見て驚嘆し、以後、西洋画の技法を取り入れて画作の向上を図った。絵の構想や種々の手控えのため、いつも懐に入れていた手帳には、天保八年（一八三七）頃から西洋のハサミ、コップ、工具などのスケッチや西洋事情の記載が急激に多くなり、西洋画の技法への関心がうかがえる。やがて西洋画の背景にある西洋諸国の社会や学問にも、関心をもつようになったようである。

崋山が蘭学に関心をもった主要な動機は、四十歳で藩の家老職に就任した際に海防掛りを兼任したことである。海防のためには、外敵である西洋諸国の軍事力はもちろん、その背後にある西洋の科学技術・学校教育制度など政治や経済の実態を正確にとらえる必要がある、と崋山は考えるようになった。その観点から臣従していた田原老公三宅友信を説得して蘭書を購入させ、小関三英や高野長英という一流の蘭学者をスカウトして翻訳させたのである。その結果、田原藩は他藩や幕府に先駆けて、一八三〇年代のヨーロッパ諸国の内政や外交の動向について最新かつ正確な情報を収集できたのである。

天保八年十二月に崋山は、友人の幕府代官羽倉外記が幕命により伊豆七島を巡察する計画を耳にし、自分も同行して海防に資したいという熱い思いに駆られ、同僚の田原藩家老に「渡海願書」を提出した。藩重役を務める者がそんな危険な渡航に参加することは許されない、という理由で却下されたが、「渡海願書」に「天下のために死候とも」、という前例のない強烈な言葉を書き付けていることから、崋山は田原藩の海防だけでなく、日本国の安全を思うナショナルな危機意識に目覚めていたことが想像できる。

天保十年四月には、崋山は藩家老職の「退役（退職）願書」を提出している。「渡航願書」提出と「退役願書」提出の間の一年半は、崋山にとって激動の日々だった。崋山の海外事情研究の成果である論説『鴃説或問《げきぜつわくもん》』『鴃説小記《げきぜつしょうき》』★『慎機論《しんきろん》（未定稿）★』や友人の伊豆韮山代官の江川英龍《えがわひでたつ》★に頼まれて執筆した『初稿西洋事情書』『再稿西洋事情書』『外国事情書』★は、すべてこの短期間に著作されている。崋山の一生の中で、この一年半は、彼の全身全霊をかけた海外事情考察の道程であり、緊迫した危機感のもとに思索した日々であった。植民地化の危機にさらされたアヘン戦争前夜の東アジア情勢を正確に認識し、小関三英の翻訳した「ナポレオン伝」やオランダ商館長一行の江戸滞在時の常宿長崎屋でのオランダ商館長からの聞き取り（通詞を介した）により、王制を倒したフランスやアメリカの共和制の存在を知ったことも、人生の一大転機となったと推測される。しかし、崋山はその直後の五月十四日に蛮社の獄で逮捕され、願わない形での退役を強いられ、田原藩政の表舞台から消える。

蛮社の獄の要因は、これまでの研究によれば、①林家出身の目付鳥居耀蔵《とりいようぞう》の蘭学に対する憎悪、②江戸湾巡視における耀蔵と江川英龍との確執に基づく蘭学者への弾圧、③在野の蘭学者による国政への関与の排斥、④川路聖謨、江川英龍ら

▼『鴃説或問』『鴃説小記』
天保九年三月、江戸出府のオランダ商館長ニーマンとの対談の模様をまとめたもの。

▼『慎機論』
天保九年十月モリソン号来訪の情報に接し、幕府の異国船打ち払い政策や幕臣の無能さを痛烈に批判した文書（未定稿）。

▼江川英龍
幕府伊豆韮山代官。海防問題で活躍。高島秋帆に西洋砲術を学び佐久間象山らに伝授した。一八〇一〜一八五五。

▼『初稿西洋事情書』『再稿西洋事情書』『外国事情書』
江戸湾・江戸沿海の巡検を終えた江川英龍が巡見復命書に添付する予定で、崋山に依頼した書付。「初稿」は脱稿した崋山が、内容が過激すぎると思い自宅に留め置いた書付。「再稿」は、書き直して届けた書付だが、江川英龍から内容が過激だと指摘され、二度目の書き直しをしたのが「外国事情書」である。「初稿」と「慎機論」が後に蛮社の獄の時に罪科の決め手となる。

開明派官僚の排除、⑤『外国事情書』の幕閣への提出の阻止などが挙げられているが、老中水野忠邦ら幕閣の私的な感情も絡み合っていたと思われる。一万二千石の小藩に幕府褒詞という最高の称誉を授けたのに、その飢饉対策や海防策を推進した家老が、蘭学の利点を吹聴して幕府の文教の元締めである林家の威信を損なうのは、陪臣の越権行為で許すわけにはいかないと考えたからであろう。

換言すれば、蛮社の獄は、目付の鳥居耀蔵や老中の水野忠邦が、林家の儒学を精神的支柱とする幕藩体制をおびやかす存在として、崋山や高野長英ら蘭学者を逮捕しようと仕組んだ政治謀略である。表向きの容疑は、無人島（伊豆の小笠原諸島）渡航計画と大塩平八郎★との内通という二つだったが、取調べの結果、無実であることが証明された。しかし、家宅捜索により押収された文書の中から、『初稿西洋事情書』や未定稿の『慎機論』などが発見され、そこに記された幕府の政治を批判する文言を罪科の決め手とされ、天保十年十二月十八日に国元蟄居《ちっきょ》の判決が下された。

崋山の田原蟄居生活

翌天保十一年一月十三日、崋山は後に女婿となる田原藩給人松岡次郎★が差添人となって田原へ護送された。蟄居中の崋山一家に支給された生活費は、大人は一

▼大塩平八郎
江戸後期の陽明学者。大坂町奉行与力。私塾洗心洞で子弟教育にあたる。天保の飢饉に際し窮民を救うため兵を起こしたが失敗して自殺。一七九三〜一八三七。

▼松岡次郎
天保の末年頃、渡辺崋山の生涯を綴った「全楽堂記伝」を著す。弘化二年崋山の長女可津と結婚する。安政期藩家老に就任。一八一二〜一八五九。

崋山像（崋山幽居前）

捕縛される崋山
（崋山自筆、田原市博物館所蔵））

人扶持（一人につき一日、米五合）子どもは半人扶持で、他に茶料として毎月金一〇〇疋ずつ、燃料として毎月松葉七〇把ずつと中間一人分の給米金という乏しい内容だったから、たちまち困窮した。

それで、崋山は再び絵を描いて売り、それを生計の足しにせざるを得なかった。住居は田原城北西の池ノ原のかつて大蔵永常が住んでいた静かな居宅だった。そこで崋山は、江戸ではあまり描かなかった魚類や昆虫類、草花類を多く描いている。「千山万水図」「月下鳴機図」「黄粱一炊図」などの大作と共に、「翎毛虫魚画冊」「異魚図」などの名品が生まれた。

この頃、藩主三宅康直は、奏者番★就任を切望しており、幕府の高官につけ届けなどの賄賂工作を進めていた。康直の実兄の上田藩主松平忠優《ただます》★（後に忠固《ただかた》と改名）の目覚ましい昇進ぶりを見て、自分も奏者番に任命されれば、それを契機に陽のあたる坂道を駆け上がることができる、と思っていたようである。崋山からは、昇進運動の一番の近道は、天道にかなうよい藩政を行うことだ、と説諭されていたが、そんな説諭はまったく非現実的なものに感じられたからである。

戦後派作家の杉浦明平★は、少年時代に田原の商家に育った母親から「田原には過ぎたる山が三つある。崋山、春山、鳳山である」と語り伝えられたという。しかし、隣国吉田藩の『柴田猪助★（善伸）日記』の天保十一年六月十日の記事には、「田原にはいらざる三山（渡辺崋山、鈴木春山、伊藤鳳山）がある」という田原近辺

▼奏者番
奏者番は、通例一万石以上の譜代大名が務める役職で、大名・旗本などが将軍に拝謁する時、その取次、進物の披露など殿中の礼式をつかさどり、参勤御暇の際など、諸大名の家に上使役を務めた。

▼松平忠優
姫路藩主酒井忠実の息。一八一二～一八五九。

▼杉浦明平
地元渥美半島を拠点として活動した作家・評論家。著書に『ノリソダ騒動記』『崋山探索』など多数。一九一三～二〇〇一。

▼柴田猪助
吉田藩士。郡奉行。文化五年田原藩士萱生源左衛門の娘とせと結婚するなど、田原藩士との深い交流がある。田原藩医鈴木春山がしばしば同家に立ち寄った。著書に『米価記』がある。一七八四～一八四九。

の噂が書き留められている。杉浦明平が大正期に聞いた話では、田原の三英傑だったが、当時の田原藩では崋山やその同志は、有害無益な存在と囁かれていたことを物語っている。

そんな状況の中、崋山一家の窮状を助けるために、門弟の福田半香らが秘かに崋山の絵を売り歩き、江戸や浜松で希望者に頒布する画会を開いた。崋山は半香に「私は今謹慎中の身で、新しい絵の注文に応じていません。これらの絵は久しい以前に描いたものです。そう皆さんに伝えてください」と画会へ絵を提供する際に忠告していた。しかし、人の口に戸は立てられない。「蟄居中にもかかわらず、画会を開いて収入を得るとは、誠に不謹慎なふるまいである。わが藩主がいまだに奏者番への栄進を果たせないのは、崋山の罪科が災いしている」などの風評が、家中に広がり、藩内守旧派の政敵から親戚を通じて崋山に伝えられた。

崋山はその風評の真偽について問い合わせの手紙を出しているが、その返事を待たず、天保十二年十月十一日、田原池ノ原の幽居で自刃した。その約一カ月後に江戸町奉行遠山金四郎組与力中島嘉右衛門ら五人が、渡辺崋山の検死を行うために田原を訪れた。検死後、崋山の遺骸は田原城宝寺に葬られたが、罪人ということで墓石の建立は禁じられた。そして、同年十二月には藩主三宅康直は、宿願の奏者番に栄進したのである。

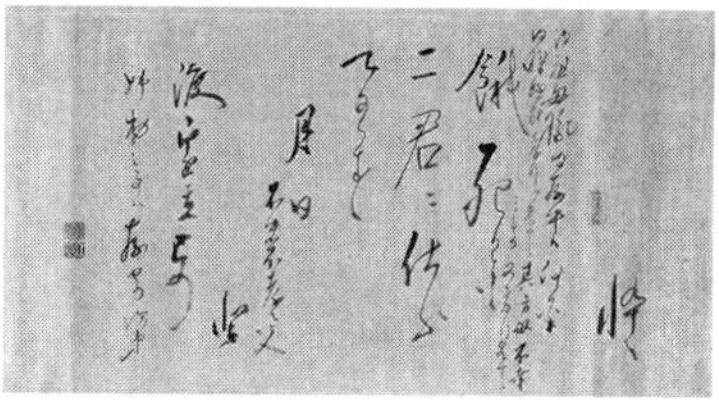

長男立宛遺書
（田原市博物館所蔵）

蘭方医・鈴木春山の西洋兵学研究

藩政改革では崋山派の蘭方医として、また開国前夜の兵学者として活躍した鈴木春山（一八〇一〜四六）は、どのような生涯を送ったのであろうか。

春山は享和元年（一八〇一）に、藩医鈴木愚伯、側女の園《その》★の子として生まれた。十四歳の時、岡崎の医師浅井朝山宅に居候して医術を学んだが、十六歳の頃田原に戻り、藩校成章館で文武の修行をした。ほどなくして江戸に出て朝川善庵★の塾に入って儒学を修め、二十歳の時に長崎に留学し、蘭医宅に書生として入り、西洋医学を三年ほど学んだ。シーボルト★の来日直前のことである。

文政六年（一八二三）、長崎から戻った春山は、田原城のすぐ北側の角場《かどば》（現田原中学校の東北隅）で蘭方医として開業すると共に、「素読《そどく》指南」として成章館で指導にあたっている。また、天保元年（一八三〇）九月から毎月六回、藩主康直への御前進講が命ぜられた。この進講では、藩士の聴講も許されていた。『春秋★』の解釈書『左伝』の輪講★と『論語』の講義を担当した。地元田原では春山は、この頃すでに医師としても儒学者としても、一目置かれていた。崋山は天保五年二月に春山宛の手紙で、「貴君の齢はぼくの弟であるが、学問では僕の兄である」と書き、春山の学識を高く評価していたことがわかる。

▼**園（その）**
愚伯の後妻となった春山の母。浄土真宗の熱い信仰者である妙好人として著名だった。園が童浦村生まれだったことから、春山の号は童浦だった。

▼**朝川善庵**
江戸後期の折衷学派の儒者。江戸の人。主宰した塾には伊藤鳳山らも学んだ。一七八一〜一八四九。

▼**シーボルト**
ドイツの医学者、博物学者。文政六年（一八二三）オランダ商館の医官として来日。鳴滝塾を開き、診療と西洋医学の教授にあたった。一七九六〜一八六六。

▼**春秋**
中国周代の魯の国の歴史書。

▼**輪講**
数人が輪番で講義・講釈をする学習法。

三河吉田藩士・柴田猪助の日記によれば、春山は文政十二年頃には、吉田城下の元鍛冶町に居を構え、しばしば猪助の家に、往診がてら立ち寄り、ゴローニンの『日本幽囚記』や青地林宗《あおちりんそう》が翻訳した『遭厄日本紀事《そうやくにほんきじ》』、山村才助編著の世界地誌『増訳采覧異言《ぞうやくさいらんいげん》』などの書籍の貸借や情報交換をしている。春山と猪助の交遊は、その後も盛んに行われ、断続的ながら弘化三年（一八四六）の春山の死去まで続いたのである。

一方、文政十三年・天保元年（一八三〇）に三十歳の春山は、藩主に嘆願して諸国を歴遊したらしい。各地の名士・学者と交わり、時世の疾病を治す方策を談論するためである。その詳細は不明であるが、この年の二月十三日から七月二十五日にかけて広瀬淡窓《ひろせたんそう》主宰の咸宜園《かんぎえん》★に入塾していた記録が残っている。また、同じ年の十一月には江戸に出て、巣鴨の三宅友信邸で当時三十八歳の渡辺崋山と初対面したことが、崋山の日記「全楽堂日録《ぜんらくどうにちろく》」に記されている。

天保六年、医術と学問の修行のため江戸留学を願い出て、二月に藩主参勤の供に加わって出府し、江戸屋敷の医師として江戸詰を命じられている。この年に長崎に二度目の留学をしたという説もあるが、その真偽は不明である。いずれにしても春山は、この年に崋山の紹介で高野長英と知り合い、間もなく長英に師事して本格的に西洋事情の研究に着手した。その結果、江戸の尚歯会《しょうしかい》と呼ばれる有識者のサークルや三宅友信邸で開かれる蘭学研究会にも顔を出すようになったの

▼咸宜園
豊後国日田の儒学者広瀬淡窓の私塾。大村益次郎、高野長英、上野彦馬、長三洲などが学んだ。

である。

天保七年に国元田原が大凶作に襲われた。春山は崋山の命で用人の真木定前に随行して、田原へ赴くことになった。翌八年一月末に田原に着いた春山は、郷村の病人の見廻り、診療に従事した。翌年春山は、医学修行という名目で、江戸出府を願い出たところ、許されて江戸詰めの藩医の仕事に従事することになった。しかし、春山の主たる関心は、西洋兵学に向かい、長英に師事してオランダ語の兵学書の解読にとり組んでいたようである。

ところが、一カ月半後の五月十四日、蛮社の獄が起こり、崋山らの蘭学研究会に参加していた春山にも、逮捕の手がまわった。身の危険を感じた春山は、急いで家を飛び出し、同じ田原藩士の日高三左衛門の長屋にしばらく身をひそめていた。その頃、いったん逃亡したものの、崋山一人に処罰が及ぶのを憂慮して自首を決意した高野長英と、春山はひそかに再会している。

崋山入獄四日後の長英の自首の経緯は、自首する前に自己の無実を訴えるために春山に送り届けた『鳥の鳴音《なくね》』の中に、「十八日午後義友春山子に逢ければ、嬉しさ譬へん様なく、跡かたの事忙しく頼み、某夜北の府尹《ふいん》（北町奉行所）の訟庭へ馳《は》せ行き、其明る十九日獄内に引かれる」と記している。長英の春山に対する愛着と信頼が、きわめて厚いものだったことがうかがわれる。

崋山の画弟椿椿山筆の「麴町一件日録《こうじまちいっけんにちろく》」★によれば、獄中の崋山としばしば密

▼「麴町一件日録」
蛮社の獄で捕らえられた渡辺崋山救援運動を記した椿椿山の記録。椿山は幕府鎗組同心であったが、この時はすでに隠居していた。

書を交わし、崋山救援のために多方面に奔走している。また、崋山の日記「守困《しゅこん》日歴《にちれき》」★には、春山が田原池ノ原の崋山幽居をしばしば訪問して、健康の診断や治療をすると共に、孤独を慰めるために話し相手になったようすが、丹念に書き込まれている。蛮社の獄以後、崋山とつながりの深い春山は、田原藩内で白眼視され孤立していたが、春山の崋山に対する敬愛の念は、少しも変わることはなかった。それだけに天保十二年十月の崋山の自刃は、痛恨の極みだったと思われる。

弘化元年（一八四四）六月三十日に高野長英は、江戸小伝馬町《こでんまちょう》の牢舎を脱獄し、ただちに郷里水沢《みずさわ》に向かい、後に米沢《よねざわ》を経て江戸に再潜入しているが、江戸の潜伏先を手びきしたのは春山だったのである。嘉永三年（一八五〇）に長英が捕吏に襲われ、自刃した直後、長英に隠れ家を提供した九人の武士・町人が逮捕され、遠島《えんとう》などの処罰を受けたが、その判決申渡書に隠れ家の依頼人として、鈴木春山の名が明記されている。当時春山が存命だったら、死罪もしくは遠島に処されたことは間違いないといえよう。

天保十三年九月十七日付の春山の柴田猪助宛の手紙には、アヘン戦争に関して次のような記事が見える。

「志那とイギリスとの戦争の様子については、詳しい事情はわからないが、広《かん》東《とん》より寧波《にんぽう》まで十四カ所の城砦、皆西人の手に落ち、満漢の八旗も今度は散り去ってしまったという。高嶋流砲術の勉強のために長崎に赴いた村上範致が一昨日

▼「守困日歴」
渡辺崋山蟄居後の天保十一年七月一日から同年十二月二十八日に至る日記。

帰郷したという。アヘン戦争について委しいことは、範致が知っているから問い合わせるとよい。さらに最近の世界情勢は、すべて崋山の警告した通りに展開している。その早すぎた死が悼まれる」

清《しん》に正義があり、イギリスに正義がないことは明瞭であり、しかも高い文化水準を保ち、強力な軍を持ちながら、中国南部の城砦はすべて西洋人に占領され、賠償金を支払ったことは、開国前の徳川日本の開明的な知識層にとっては、大きな衝撃だったのである。春山は世界情勢はすべて崋山の警告した通りに展開しているとして崋山の先見性をたたえ、その早すぎた死を悼んだのである。

アヘン戦争の情報に接した春山は、ナショナルな危機意識にめざめ、西洋兵学の研究に真剣に取り組むようになった。本業は医者でありながら、西洋軍事科学の移植こそ万事に優先する最高任務である、と確信するに至ったのである。

弘化元年（一八四四）に江戸常府になってから、春山は西洋兵学書の翻訳に本格的に取り組むようになった。その頃の春山の生活状況は、咸宜園時代からの友人である広瀬旭荘★の日記に活写されている。『兵学小識』などの翻訳を、江戸潜伏中の長英の協力を得ながら進めていた頃の春山に対して、旭荘は、外国事情を論じたために幽囚の身となった崋山や長英を引き合いに出して、あなたもよくよく自重した方がよいですよ、と忠告した。

すると春山は、こう反論した。「英夷《イギリス》が久しい以前から我が国をうかがってお

▼広瀬旭荘
広瀬淡窓の末弟で、後に淡窓の養子となり咸宜園の塾政をとった。儒学者、漢詩人。一八〇七～一八六三。

り、いったん交戦したら、我が国の敗北は必至なのに、多くの邦人は無知・無関心である。自分は常に一死報国を思っているが、戦陣おいて死ぬよりも、著書において死ぬことを願っている。自分の著書によって、多くの邦人が西洋事情に目を開き、武備の必要を自覚するようになれば、幸いである」。

まさに憂国の志士としての春山の面目が、躍如とした応答といえよう。

春山は、弘化三年五月、四十六歳の壮年期に腸チフスにかかって病没した。遺骸は江戸小石川の寂圓寺、遺髪は田原の龍泉寺に葬られた。彼の著訳書は、『海上攻守略記』五巻、『三兵活法』十巻、『兵学小識』十巻などである。これらはいずれも単なる翻訳ではなく、いくつかの兵学書から優れた個所を抜き出し、それを彼独自の兵学論によって再構成したものという。『兵学小識』は高野長英の『三兵答古知幾《さんぺいたくちき》』と重複するところがあり、春山・長英の共訳といわれてきた。近年の研究では、同書の一～七巻が春山訳、他の三巻が長英訳であることが明らかになった。

春山訳の兵学書は、幕末期に佐久間象山《さくましょうざん》・江川英龍・勝海舟《かつかいしゅう》・吉田松陰《よしだしょういん》・大村益次郎《おおむらますじろう》らに大きな影響を与え、明治以降の日本陸軍の教科書にも使用されたという。こうした春山の訳書の下地が培われたのは、蘭学の秘密研究所的な役割を果たした巣鴨の三宅友信邸だったことも、記憶されるべきであろう。

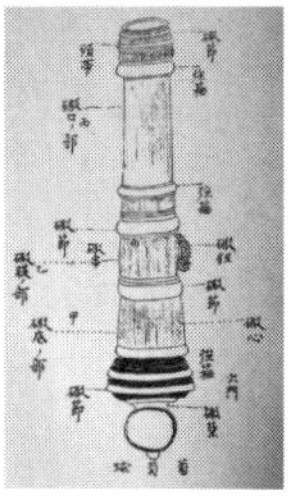
迦砲図
(『兵学小識』より)

鈴木春山像
(巴江神社所蔵)

龍泉寺鈴木春山・その墓

村上範致による西洋流軍制への転換

家老職にあった崋山が、次世代の田原藩政の後継者として最も期待したのは、村上範致だった。範致は天保十年（一八三九）出府して巣鴨の三宅友信邸の納戸方に務めた頃、何人かの蘭学者との接触を契機に、西洋兵学の訳書を猛烈に勉強し始め、江川英龍と共に高島秋帆《たかしましゅうはん》★に入門するまでになった。

一方、崋山が蛮社の獄で捕らわれ、家宅捜索を受けた際には、範致は金子武四郎★と共に、崋山の嫌疑に関連して他に連座者が出ないよう、秘密の工作に奔走したという。また、崋山が田原に蟄居した時には、親戚のようにしばしば慰問すると共に、藩政や蘭学についての助言を受けたことも知られている。

天保十二年五月九日に高島秋帆が幕命により、武蔵国徳丸ヶ原★で洋式の銃隊操練と西洋砲術の公開演習を行った際に、入門間もない範致は、銃士として参加している。この操練には崋山派の同志である金子武四郎も、水戸藩士として参加している。

この報に接した崋山は、同年五月十九日の範致宛ての手紙で、この操練を歴史上画期的な快挙とたたえ、範致の参加を激励している。崋山は『外国事情書』で「もし、一六門の砲を備えるコッテルス（船名）二艘に兵卒六〇を乗せ、風に

▼**高島秋帆**
幕末の砲術家。長崎町年寄。西洋砲術に着目し、オランダ商館員より学び、研究開発を行い、高島流と称した。一七九八〜一八六六。

▼**金子武四郎**
吉田魚町出身の剣客で、吉田藩足軽として江戸にいた頃、崋山の家に出入りしていた。神道無念流の達人で、高島流砲術の門人。天保十一年崋山の推薦で水戸藩の剣道指南番に就任した。

▼**徳丸ヶ原**
現在の東京都板橋区高島平。

乗じて一六門の砲を放てば、許多《あまた》の日本船舶一万の兵を備えたとしても、一旦に打ち崩される」と記しているように、西洋諸国の軍事科学の先進性と脅威を思い知っていたからである。

同年十月十日の夜、すなわち崋山自刃の前夜、範致は崋山の義父である和田氏★に頼んで、崋山宅に病気見舞の名目で海老一籠を贈り届けた。この海老と同じように腰の屈するまで生存して、国家に尽くすことを暗々裏に希望したメッセージだったという。翌日、崋山自刃の報に接して崋山宅を弔問した範致は、まさに断腸の思いだったであろう。

崋山の範致宛の遺書は、残された崋山一家の後事を託すと共に、真木定前や松岡次郎ら同志たちへの返礼を依頼したものだった。範致はこれまで崋山の激励で、しばしば士気を啓発されてきたが、崋山没後もその手紙や書を取り出して、崋山の学恩と志を想起したという。

範致は天保十三年五月に藩に暇を願い出て長崎に師・高島秋帆を訪ね、三カ月間砲術伝授を受けた。九月に田原に帰着した後、地元で大砲や砲弾の製造に取り組み、成功した。また、藩領の大洲崎★などで、実弾射撃訓練を実施し、藩主の上覧に供した。その結果、範致の藩内での信用が高まり、それまで田原藩が採用していた荻野流の砲術を徐々に駆逐して、弘化元年(一八四四)には一藩を高島の西洋流に改革した。それで範致は、高島流師範として、田原藩主並びに藩士百数

▼**和田氏**
崋山の妻たかの実家。

村上範致碑

▼**大洲崎**
田原藩領の笠山下、波瀬村地先から三河湾に北東に延びた洲。

十人を教授することになったのである。

これより先、範致が長崎から田原に戻って間もない天保十三年十月に師の高島秋帆は、蛮社の獄で崋山を陥れた町奉行の鳥居耀蔵らに嫌疑をかけられて逮捕され、武蔵国岡部藩★で蟄居の身となった。それ以後、秋帆に代わる高島流師範としての範致の名声は、三河・尾張・遠江などの近隣諸藩にも広まり、その伝授を求めて藩士を派遣するようになった。

それだけでなく、仙台・水戸・上田・金沢・姫路・宇和島《うわじま》などの遠隔地の藩からも、留学生が派遣されるようになり、田原の村上邸に合宿した者は、延べ五〇人近くに及んだ。範致は門長屋を増築したり、空き家を借用したりして対応したという。

また、嘉永三年（一八五〇）には範致の指導により、田原藩の軍制は全面的に西洋流に切り替えられた。幕府が全国諸藩に西洋流軍制への転換を通達したのは、その三年半後のことだった。この点からも当時の田原藩兵学の先進性が知られる。

しかし、開国後の西欧の科学技術の導入や軍備の近代化には、大量の蘭・英書、軍艦、銃砲、弾薬などの購入や、蘭・英学者の養成が必要であり、それには巨額の資金を準備しなければならなかった。田原藩のような貧乏小藩は、とてもそんな進運についていくことはできず、西南雄藩の主導した幕末の政局からは取り残されることになった。

▼武蔵国岡部藩
武蔵国榛沢郡岡部に藩庁を置いた譜代小藩。同藩は小領の飛地を持ち、先住地三河国半原にも陣屋がある。

② 西洋式帆船の建造と交易

幕府は鎖国体制の維持と諸大名の軍備増強を防ぐために、大型船の建造を禁止してきたが、日本近海に西欧列強の軍船が出没する事態に直面して、嘉永六年（一八五三）九月に解禁した。西洋型帆船は、操船の方法で和船と違いがあったが、田原藩では人を得て、その建造に取り組むようになった。

永久丸漂流記

幕末期、ジョン万次郎はじめ多くの漂流者の体験記があるが、渥美半島にも、永久丸という船に乗り組んで漂流し、壮絶・数奇な体験をして四年後に帰国した二人の若者から聞き取り調査した記録が残っている。

田原藩領宇津江村の西隣の江比間村の与市の持船、百五十石積みの永久丸★は、紀州熊野港で薪の材料を積み込んで名古屋で荷揚げし、代わりに醬油五〇樽、玄米二俵、白糯米二斗を買い込み、熊野沿岸の港で売りさばいて渥美半島に戻る予定だった。嘉永四年（一八五一）十二月二十九日、志摩半島沖で烈風と大波に揉まれ、舵を破損して、風波の中を東南の方向に漂流し、八丈島《はちじょうじま》付近から南下して青ヶ島《あおがしま》の東まで流された。食料も尽き、気力体力も限界に迫っていたところ、

▼永久丸
この漂流船をめぐる歴史の全体像については、山田哲夫著『永久丸漂流顚末記 風濤の果て』（門土社）に活写・詳説されているので、参照されたい。

与市が漂流者生還謝恩として江比間村住吉神社に奉納した灯籠。

幸運にも漂流九〇日後の閏二月二十六日朝、アメリカの捕鯨船に救助された。永久丸乗組員四人のうち、領内芦村出身の作蔵と領内若見村出身の勇次郎という二人の若者（共に二十一歳）は、ベーリング海で捕鯨の仕事に従事し、さらにハワイ諸島、グアム島、マゼラン海峡を経て、アメリカ東海岸に上陸し、蒸気機関車に乗ったりして約三カ月アメリカ生活を実地体験して、約四年後に日本に戻っている。一方、壮年だった沖船頭岩吉（六十四歳）とその弟善吉（四十歳）の江比間村出身者は、捕鯨船での仕事は共にしたが、妻子がいるという理由で、ハワイから釜山、対馬、長崎奉行所を経て遭難から約三年後、一足先に帰国している。

日本に送還された田原藩領出身の作蔵と勇次郎は、安政二年（一八五五）八月二十日に下田役所から田原藩へ引き渡された。その後、田原城内で田原藩の蘭学者の村上範致、萱生郁蔵、稲熊徳蔵による聴取に応じて、アメリカ滞在中見聞した出来事や風物、航海中の体験、捕鯨漁のようす、寄港した島々や住民の暮らしぶりなどを語った。それらを図解入りで編集したのが『漂民聞書』である。漂着先の人々の風俗・習慣、アメリカの政治機構、蒸気機関車などの文物、彼らが伝えた英語などについて、詳細かつリアルに書かれている。桂川甫周《かつらがわほしゅう》『北槎聞《ほくさぶん》略《りゃく》』★などの先例を参考にしたとはいえ、相当な水準の西洋知識がなければ、聞き出せるものではない。それだけの学力・識見が村上範致らにはあったのである。

当時、外国から送還された漂流民は、他藩では外国事情が他言されないよう、

蒸気機関車
（『漂民聞書』（全六巻）より、田原市博物館所蔵））

共和国（アメリカ）の人
（『漂民聞書』（全六巻）より、田原市博物館所蔵）

▼『北槎聞略』
漂流先のロシアから帰国した伊勢白子の船頭大黒屋光太夫と磯吉の体験見聞を御殿医の桂川甫周がまとめた異国地誌。

一生監禁同様の生活を強いられていた。しかし、田原藩は「作蔵、勇次郎如き者は格別」と称して、足軽級の武士に召抱え、後年、藩建造の西洋式帆船の水主目《かこめ》付《つけ》★に任用している。そこに全国諸藩でも珍しい田原藩の開明性が認められる。

西洋式帆船・順応丸の建造と就航

安政三年（一八五六）、田原藩は窮乏した藩財政の復興策として、蝦夷地（北海道）交易の計画を検討したが、資金の調達不足などのため断念せざるを得なかった。その年の暮れに新たに取り組んだ計画が、内国交易船兼海防用軍艦として大型の西洋式帆船を建造することだった。その船の形式のモデルは、西伊豆の戸田《へだ》村（沼津市）で再建されて間もないロシア船ディアナ号★だった。当時最先端の技術を誇るこのタイプの西洋式帆船の建造に取り組んだのは、本邦においては第一に長州藩であり、第二に田原藩だった。

田原藩の大目付仮役だった村上範致は、伊豆韮山《にらやま》の代官・江川英敏（英龍息）に連絡して、難破したロシア船の再建に従事した戸田村の船大工の雇用交渉に赴いた。しかし、戸田村の大工頭領らは、すでに長州藩の要請により萩★で船の建造に従事していることがわかった。その後間もなく藩命により「君沢《きみさわ》形造船差配」となった範致は、長州藩の造船視察と戸田村の船大工の周旋依頼のため、田原藩

▼水主目付
一般の水主の指導的立場の役職か。

当行寺白井作蔵墓
墓碑に「漂海不没信士」の文字が見える。

▼ロシア船ディアナ号
安政元年（一八五四）十一月、和親条約締結のため下田港に停泊していたロシア船ディアナ号が大地震で大破し、修理のため君沢郡戸田村へ廻航した。途中で沈没したので同村船大工が、同型の船を建造した。

▼萩
長州藩の藩庁の置かれた町。山口県萩市。

医で蘭学を学んでいた萱生郁蔵★を長州萩へ派遣した。安政三年十月二十四日、萱生郁蔵は波瀬《はぜ》村★の船大工喜太郎と田原の鍛冶小吉の二人を連れて、萩へ向かった。その長州での視察のようすは、萱生郁蔵『使西日録』に次のように記されている。

　郁蔵は長州藩の要人から「今、貴方が千里の道を遠しとせず、わざわざ来られたのは感激の至りです。この上は、軍艦の製造法をもれなく御伝授しましょう。現今の情勢では、海軍設置が急を要すること論を待ちません。それなのに諸藩は、これを自覚していません。この時に際して三宅侯の明察とわが公（毛利侯）の意志は、実に符合するところがあり、必ずや貴藩の御期待にそえることでしょう。（後略）」という予想外の厚遇を受けた上に、宿所も自身で宿泊していた商人宿から、藩の用意した旅宿に変更される仕儀になった。十一月二十三日から翌月十二月五日まで滞在し、その間、連日、船大工の喜太郎と鍛冶の小吉を同伴して造艦所へ入り、木油場・鍛煉場・績麻舎・工人舎などを丹念に見学した。喜太郎も小吉も実際の建造現場に立って工事のようすを見聞きし、その知見をもとに後日、順応丸建設現場の監督として活躍することができたのである。

　長州視察を終えた郁蔵は、大いに喜んで興奮したせいか、帰国の際に「皇国を保全するに何のはかりごとがあろうか。窮地に陥る前に百万の海軍で出航しよう。君は朝鮮の海に出航せよ。我は蝦夷地（北海道）の海に出航して野蛮な異人どもを殲滅するであろう。いつの日か世界の五大洋で再会しよう」といった意味の漢

▼萱生郁蔵
萱生玄順の婿養子。田原藩医。他方成章館の文学教授を務めながら洋学を学び、火薬製造、戦時常備薬の研究に取り組んだ。その後、藩命により君沢型帆船の調査建造を担当した。一八一九〜六八。

当行寺萱生玄順・郁蔵墓

▼波瀬村
三河湾側の田原藩領北東部に位置する村。現在の田原市波瀬町。笠山がある。

詩★を世話になった長州の要人に捧げている。

その結果、当時、幽囚《ゆうしゅう》の身だった吉田松陰★から「私は敗軍の将の身であるから、格別に発言する資格はないかもしれない。しかるに、あなたの詩を読み、皇威の復興をめざす士気を鼓舞された。世界の形勢は軍艦主導になり、それも蒸気機関の軍艦に変更されようとしている。したがって、わが日本の発展興隆は、萱生君の造艦についての精緻な学識や世界を航海する雄大な構想を学ぶことなしには始まらない」といった趣旨の「萱生君に贈る書」が、後日送り届けられたのである。小藩の田原藩が長州藩から格別の厚遇を受けたのは、おそらく江川英龍らの懇切な口添えによるものと思われる。と同時に、田原藩の海防思想や造船事業が、明治維新の胎動の地ともいえる長州藩の要人や志士と気脈を通じていたことにも興味をそそられる。

翌安政四年一月、西洋型帆船の建造に向けて田原藩は、造船頭取に家老丹羽豊治、造船差配村上範致、藩医萱生郁蔵、用係に村奉行稲熊杢右衛門ら三人を任命した。同年三月二十日、波瀬村笠山下★に造船場を設けて、造船作業に着手した。御船小屋、絵図小屋、切組小屋、縄打小屋、鍛冶小屋などが設けられ、他に一〇棟余の漁師の納屋などが、鉄物蔵や職人の小屋などに使われた。船の建造に従事した職人は、水主《かこ》、人足を含めて三〇〇余人に及んだ。棟梁は伊豆の下田の住人藤吉、吉兵衛の二人、大工は波瀬村の喜太郎、鍛冶屋は田原新町の小吉が現場監

▼萱生郁蔵の漢詩

留別　長門諸彦
保全皇国在何術
百万水軍向没前
君艤韓海吾蝦海
殲夷際会五湖天
（萱生郁蔵『使西日録』より）

▼吉田松陰
幕末長州藩の志士、教育者。思想家。安政元年（一八五四）ペリーが再来航した時、米国への密航を企てて失敗。幽閉されたが、松下村塾で高杉晋作・伊藤博文・山縣有朋らを教育した。安政の大獄により刑死。一八三〇〜一八五九。

▼笠山下
笠山の北西部。現在はトヨタ自動車の工業用地として造成されている。江戸時代は山のふもとは海岸だった。

督を務めた。

順応丸は安政四年九月に進水し、その処女航海には村上範致が船長として乗り込んでいる。藩日記の安政六年六月十一日の条に順応丸の貨物運賃の利益が記録され、江戸へ材木・大豆・干鰯《ほしか》などを運んだ時には、これなら採算が取れる、と家老丹羽豊治が安心したと記されている。順応丸は松前や長崎に航行したこともあったが、主に江戸大坂方面への貨物船として、文久三年（一八六三）まで運行した。★

それより四年後の慶応三年（一八六七）二月に、終末期の幕府が清国に派遣した第三次貿易使節団九人の中に田原藩士・八木財治《やぎざいじ》の名が見える。上海を中心に蘇州・南京などの市街地や名所を見物して廻った一行のようすは、同行した高橋《たかはし》由一《ゆいち》★の「上海日記」からうかがうことができる。八木の上海行きの目的は、新製武器の購入だったが、同年四月に帰国した八木が藩主・三宅康保に土産として持参したのは、書画・筆墨の類でしかなかったことが、康保の自筆日記に記されている。

▼順応丸のおもな航海記録
安政四年（一八五七）から文久三年（一八六三）の間
●田原〜江戸往復　一九回
●田原〜大阪・兵庫往復　六回
●田原〜長崎（備前・紀州に寄港）　一回
●江戸〜松前往復　一回
●田原〜鳥羽・伊勢　三回

▼高橋由一
創生期の日本洋画を基礎付けた画人。初め日本画を習ったが洋画家を志し、蕃書調所に入る。明治維新後、旧藩主康保の次男八蔵が絵の弟子として由一に入門した縁で旧藩主三宅康直の肖像画が残されている。一八二八〜一八九四。

③

維新前後の田原藩

天保十五年（一八四四）に藩主康直は隠居し、嫡子となった仁太郎（しんたろう）（友信の長男）は、家督を継ぎ康保（やすもち、後やすよし）と名乗った。康保は村上範致（のりむね）と渡辺舜治（しゅんじ）の協力を得て、幕末維新期の難局を首尾よく切り抜けた。

藩主康直の奏者番就任と後継問題

天保十三年（一八四三）三月に藩主康直は、奏者番就任を祝し、家中一統や領内庄屋らを城中に召して、祝酒や赤飯を振る舞った。この時期の藩主康直は、海防に意欲的に取り組み、内海側の仁崎村に烽火《のろし》台、波瀬村宮鼻に大筒台場を築き、表浜側の和地大砲台場、池尻大筒台場、高松烽火台、赤羽根遠見番所及び鉄砲職人が働く鉄砲の細工場、鋳立場を、たびたび巡見している。天保十四年十月の参勤には、田原藩の大筒鋳場★で製作した一三貫五〇〇匁砲を野戦筒用台車に乗せ、江戸に到着している。康直にとって、得意満面の日々であった。

田原藩主康直の後継問題は、三宅の血統を残すため康直の娘・於鉒《おけい》へ友信の息・仁太郎《しんたろう》を婿養子にする、ということで藩議がまとまり、幕府への願書は天保三

▼大筒鋳場跡
田原藩で鉄身の大砲を鋳造したのは天保十三年の暮れである。鋳造所は、現在の田原市田原町五軒丁にあった。

大筒鋳場跡

田原藩が使用した弾丸と鋳型。

年に認可されていた。ところが、天保十一年に藩主康直に男子・屯《たむろ》が出生した。側室から生まれたが、奥方の於明《おあき》が引き取り、わが子として養育した。情が移り溺愛するようになると、仁太郎世子に不満をもち、屯を世子にするよう康直に迫り、康直も実子への愛から、於明の意志に同調するようになった。継嗣問題で仁太郎擁立派の旗頭だった崋山は、自刃してすでに亡い。藩主におもねる重臣は、藩主の意向に異議を申し入れようとはしない。継嗣の変更が間近になってきた時、康直を諌言したのは、崋山に最も信服していた真木定前だった。定前からたびたびの諌言を聞かされた康直は、定前を次第に遠ざけるようになっていた。

弘化元年（一八四四）九月、参勤を終え田原帰城の途上、跡乗役として随従していた定前は、康直の心が動かないのを見て、遠州金谷宿★で、仁太郎世子への思いを上書に認めて割腹した。悲報を聞いた康直は、忠良・有能な家臣を失って目が覚め、自己の不明を悔いた。嘆息して「忠臣真木定前墓」の碑銘を直書し、三宅家の菩提所・霊巖寺に墓碑を建立させた。さらに康直の意向を忖度し、仁太郎廃嫡路線を進めようとしていた筆頭家老鈴木弥太夫を、年貢米不正事件★を口実に解任し、仁太郎世子の約束を守った。

康直は、八年間務めた奏者番についても、嘉永二年（一八四九）十二月に病気理由で退任の願いを出し、御役御免となった。翌三年に康直は、嫡男康保の婚約者於銈（康直の娘）が病身につき離縁願を出し、幕府から十月二十九日に許可さ

霊巖寺の真木定前墓

▼遠州金谷宿
大井川西岸に位置する東海道五十三次二十四番目の宿駅。静岡県島田市。田原藩の帰城時に通常宿泊する宿場。

▼年貢米不正事件
野田村の庄屋と結託して、蔵米の横流しを行った。

れた。自身も翌々日の十一月一日、病身のため勤めが果たせないと隠居の願書を提出し、認可された。こうして友信の息・仁太郎が家督を継ぎ、三宅家十三代康《やす》保《もち》の誕生が確定したのである。同年十二月に康保は、江戸を発ち田原城に着城し、田原初入部を果たし、翌年二月には領内巡郷見分を実施した。

友信は、師友の崋山・長英・三英・春山を蛮社の獄後間もなく失ったが、蘭学を断念せず、その継承・発展に努めた。隠居料二〇〇〇余俵の扶持により、長崎の役所などを通じて購入した蘭書は、友信の住む巣鴨屋敷の八畳二間に充満していたという。収集した蘭書の内容は、兵学書が最も多いものの、他に地理学・天文学・歴史学・数学など多方面に渡っていた。

友信は崋山・春山・長英らの西洋事情研究を後援しただけでなく、自ら蘭書を翻訳・刊行している。安政三年（一八五六）には、幕府が設立した蕃所調所に推薦を受けて入所し、同年訳書『泰西兵鑑初編』を刊行している。また、明治十四年（一八八一）秋、七十六歳の友信が著した『華山先生略伝補』は、崋山の言行をエピソード風に紹介した回想記で、師への敬愛の情がにじみ出ている。

また、前出康直の実子屯《たむろ》（通称稲若《いなわか》）は、嘉永六年九月に姫路藩酒井家へ養子婿入りした。姫路藩主酒井忠学が急逝し、嫡子がいなかったため、康直の実兄上田藩主松平忠固《ただかた》の子が迎えられたものの、早世し後嗣を残さなかった。そのため一万二千石の小藩の部屋住《へやずみ》★だった康直の実子屯が、父の実家を継ぐことになり、酒井家二十一代酒井忠顕《ただあき》となったのである。彼は十八歳の若者だったが、藩士の諸藩遊学の制度を設けたり、西洋型帆船スクーネル船を建造したり、海岸要所に砲台を築いたりするなど、村上範致らの影響を受けたような開明的施策を実施している。康直も実子が姫路藩十五万石の白鷺城主になれたことは、大きな歓びだったであろう。しかし、忠顕は後嗣を残すことなく、万延元年（一八六〇）十月に死去した。その後、同じく康直の男子・屯の弟赳若《たけわか》が、文久三年（一八六三）三月に酒井家へ婿養子に入り、酒井家二十二代酒井忠敬《ただたか》となった。しかし、不運続きで彼も元治元年（一八六四）四月に、短命な生涯を終えている。

維新前夜の田原藩

安政五年（一八五八）四月、麹町で上屋敷が隣接している井伊直弼《なおすけ》が、大老になった。三宅家と井伊家とは遠い親戚の間柄である。先々代の田原藩主康明の夫人碩量院《せきりょういん》於利《およし》の方は、直弼の養父井伊直亮《なおあき》の叔父利義の娘で、大老の父とは従弟にあたる。碩量院は三宅家の江戸屋敷で存命だった。大老就任の報に接した田原藩主・三宅康保は、その直後の同月二十五日、供揃《ともぞろえ》えをして井伊家上屋敷に参上し、祝辞を述べている。時は日米修好通商条約の交渉の最中であった。

これより先、二月九日に老中堀田正睦《ほったまさよし》が、上洛して通商条約勅許を朝廷に願い

▼部屋住
まだ家督を継いでいない嫡男や次男以下で家督相続のできない者。

出たが、勅許の朝議決定に多くの公卿が異議を唱えて、三月二十日には条約調印拒否の勅答が出ている。井伊直弼は大老就任後、勅許のないまま六月十九日、日米修好通商条約の調印に進んだ。そして、これに反対した前水戸藩主徳川斉昭《なりあき》★に謹慎、福井藩主松平慶永《よしなが》★らに隠居などを命じた。いわゆる安政の大獄★の始まりである。それから一年半後の万延元年（一八六〇）三月三日に、大老井伊直弼は登城の途中、桜田門外において水戸と薩摩の浪士により暗殺された。三宅家の「在府日記」に「掃部頭殿登城の節、途中にて狼藉の者によって不慮の儀に陥った。いろんな風評が乱れ飛んでいる」と記されているが、幕府は江戸市中の警戒を厳重にし、各大名屋敷にも屋敷回り警衛の他、江戸城郭内異変の節の人数配置を命じていた。

文久二年（一八六二）一月十五日、老中安藤信正が登城の途中、坂下門外で刺客に襲われた。この日、田原藩は馬場先門の番衛勤務だったので、番士を増員して警備を固めた。また、この頃、村上範致は、藩家老として在府中で、幕府講武所★の高島流砲術の教授方に就任している。この年大坂加番を拝命した康保は、青屋口番所に着任した。康保はこの機会を利用し、大坂で伊藤慎蔵★に師事して蘭学を学んだ。約八カ月間に慎蔵を三一回、居宅に招いて学習したという。

文久三年十月、田原藩では百余人の農兵選出を決め、藩主康保、村上範致らが、若見村池尻の砲台や馬草海岸の砲台を見分し、高松村蟬《せみ》カ《が》沢《さわ》に砲台取り立てのた

▼徳川斉昭
十五代将軍慶喜の実父。文武を奨励。藤田東湖らを登用し、西洋流の軍事改革など藩政改革を実行した。一八〇〇〜六〇。

▼松平慶永
橋本左内や横井小南らの補佐を得て、財政復興、軍制近代化、洋学振興などの諸施策を推進した。一八二八〜九〇。

▼安政の大獄
安政五年（一八五八）九月から翌年にかけて大老井伊直弼が反対派を弾圧した事件。

▼幕府講武所
洋式軍事技術の普及と訓練のために幕府が設立した兵術教育機関。

▼伊藤慎蔵
蘭学者。越前大野藩蘭学教授。在坂中康保は、三一回慎蔵を招き教授を受けた。一八二五〜八〇。

め実地調査をしている。海岸要地の砲台を検分したり新設したりしたのは、同年四月の将軍家茂《いえもち》の攘夷決定の指令や、六月の米仏艦隊による下関砲台の砲撃、七月の英艦隊による鹿児島砲撃などの報に接してのことであろう。

慶応元年（一八六五）になると、もはや蘭学ではなく英学の盛期に移る。藩主康保や若手藩士は、江戸で英語の勉強を始めている。同年七月二十八日には、八木財治、村上照武《てるたけ》（村上範致の息子）ら田原藩士が、西丸下神奈川方英国式銃隊操練稽古所に入門し、英国式銃の操作法などを習得し、銃の藩購入にも関与している。また、藩校成章館に英国式銃陣稽古の課目が設けられ、実施されることになった。

慶応三年十月十五日、将軍徳川慶喜の大政奉還が勅許され、京都伝奏より諸大名に上洛するよう達しがあった。田原藩主は当時江戸城帝鑑間席取締重役を務めていたので、その重役会議で対応策を協議した。その結果、将軍を通じて朝廷へ願書を提出することに意見がまとまったので、村上範致が使者として、京都の将軍慶喜に願書を届けた。

それからしばらくして、薩摩・長州軍の討幕出動の情報がどこからか届いたので、同年十二月二十一日、田原藩家老渡辺舜治《しゅんじ》★は、朝廷側に帰順すべく藩論をまとめて急出府し、康保の帰郷を願い出た。しかし、江戸での生活に安住していた康保は、譜代の旧恩を思い、紀州藩との盟約や帝鑑間同席大名との申し合わせ

▼渡辺舜治
渡辺崋山の次男。若い頃は椿椿山のもとで絵を学び、明治期には小華と号し活躍した。一八三五～八七。

を捨てきれなかったので、薩摩・長州派の主導する朝廷方に帰順することは、とても承服できなかった。すなわち、朝廷方への帰順を穏当とする国元田原と、徳川方への臣従を最優先する江戸藩邸とで藩議が分裂し、変転する政局への態度を決めかねていたのである。

ところが、慶応四年正月三日、京都の鳥羽伏見で戦闘が起こり、旧幕府軍は敗退した。薩摩・長州藩を中心とする新政府軍は官軍、旧幕府軍は賊軍とされ、将軍徳川慶喜は同月六日の夜に大坂城を脱出し、江戸へ逃げ帰った。将軍の威信は失墜し、将軍への臣従がかえって自藩の存続をおびやかす事態が生じたのである。また、尾張藩による勤王勧誘の働きかけが強まった結果、三河の諸大名や旗本は、なだれを打ったように、それを受け入れる方向で動いていた。それで、同年二月八日、国元の儒学者伊藤鳳山が、康保を諌めるため急出府し、懇々と順逆の大義を説いて朝廷帰順を説得した。

康保はその説得にようやく同意すると共に、尾張藩をはじめとする全国諸藩の大勢を察知して、従来の方針を転換せざるを得なかった。東海道を進む官軍の兵食人馬の継ぎ立ての役を、田原藩は吉田・二川・白須賀宿で引き受け、京都の朝廷に恭順する方向に踏み切った。その結果、田原藩の存続を守ることができただけでなく、長年国事犯の汚名を着せられていた渡辺崋山の罪科が、同年四月十二日に赦免されることになった。崋山の子息の渡辺舜治は、同年八月に崋山の墓碑を田原の城宝寺に建立することができたのである。

明治維新後の田原

明治二年（一八六九）の田原藩の職制改革は、主に村上範致と渡辺舜治（諧）により進められた。同年六月に藩主康保は、版籍奉還を勅許され、改めて田原藩知事の任命を受けた。しかし、明治四年には新政府の廃藩置県令★により康保は藩知事を解任され、田原県は間もなく額田県に編入された。翌年三月には田原城は解体され、康保は旧領田原と永別し、華族（子爵）として東京に永住することになった。

村上範致は幕末維新期の田原の舵取り役としての大任をよく果たしたが、明治五年に病没して、神葬により蔵王山墓地★に葬られた。渡辺舜治は終末期の田原藩の家老として、長老の村上範致と共に藩主康保をよく補佐し、維新後も職制改革や藩債の消却・藩士卒の授産などで大いに活躍した。その後は豊橋・東京に転居して、小華と号し、華椿系★の画家としての生活に軸足を移した。明治画壇でいっそうの活躍が期待されたけれども、明治二十年（一八八七）、五十三歳で病没し、田原城宝寺の父崋山の墓の傍らに葬られた。

崋山は机上の学問より実学の教育を重視したが、その学統を継承発展させた田

城宝寺の崋山墓

▼廃藩置県令
明治四年（一八七一）七月十四日藩を廃して府県に統一した政治制度改革。旧藩主の知藩事は罷免され上京を命じられた。代わって府知事・県知事が中央から派遣された。

▼蔵王山墓地
明治五年廃仏毀釈運動の高揚の中で、蔵王山麓に設けられた墓地。

▼華椿系
南画の渡辺崋山系と椿椿山系の絵画をいう。崋山と椿山の直接の門人及び彼らの絵を志向した画家。後年柔らかで潤いのある花鳥画が優勢となる。

原藩士族がいる。鈴木孝之助（一八五四～一九四五）は、苦学して東京帝国大学医学部に進学し、卒業後、愛知県立医学校教員・校長、海軍軍医学校長などを歴任し、明治三十三年には海軍軍医総監に栄進した。退役後は鎌倉七里ヶ浜に結核療養所を開設し、結核症撲滅の最前線で活躍した。

中村恭平（一八五五～一九三四）は、田原藩の〝貢進生★〟として大学南校・東京帝国大学理学部物理学科に進学した。卒業後は師範学校の教員・校長を経て明治三十六年に東京帝大の助教授兼学生監となり、二十年間在職した。そのかたわら物理学の後進育成のため、同志と共に「東京物理学校」（現・東京理科大学）の創設に参画して毎週二回出講し、三代目校長に就任した。

藩校成章館に学んだ村松愛蔵★（一八五七～一九三九）は、明治初期に東京外国語学校（現・東京外国語大学）の魯語科に進み、ロシアのナロードニキ運動★への共感から自由民権運動に参加し、東三河の民権運動の指導者として活躍した結果、田原は「三河の土佐★」と呼ばれるほどの活況を呈するに至った。明治十四年に愛蔵は、『愛岐日報★』紙上に一院制議会・女性戸主の選挙権公認・基本的人権の保障などを規定した「日本国憲法草案」を発表した。明治十七年十二月、愛蔵は田原藩士族の川澄徳次★、八木重治★らと藩閥政府打倒のクーデターを計画したが、事前に発覚して一網打尽となった（飯田事件★）。明治二十二年に憲法発布の大赦により出獄した愛蔵は、名古屋の「扶桑新聞」の主筆を経て衆議院議員に当選し、世界

▼貢進生（貢進士）
明治三年、旧藩より推薦された新鋭の少年を国家要員として養成する目的で大学南校に学ばせた制度。五万石以下の藩は一人選出。

▼村松愛蔵
家老職を務める家系に生まれる。自由党に入党し明治十五年板垣退助を招き巴江神社の社務所で演説会を催した。

村松愛蔵
（田原市博物館所蔵）

▼ナロードニキ運動
一九世紀後半のロシアで「人民の中へ」をスローガンにし、農民の啓蒙と革命運動の組織化により、帝政を打倒し、自由な農村共同体を建設しようとした知識青年の革命運動。

▼三河の土佐
民権運動の先進地土佐になぞらえて民権運動の高まっていた田原を「三河の土佐」といった。

情勢に通じた自由党系の論客として信望を集めた。

　その頃、地元で村松の選挙参謀を務めたのが、高松村出身の近藤寿市郎（一八七〇〜一九六〇）だった。渥美郡会議員・愛知県会議員・衆議院議員を経て、豊橋市長に栄進し、東三河の政財界の重鎮になった。大正十年（一九二一）にインドネシアのジャワ島の水利事業を視察して、奥三河の山間地帯にダムを築き、渥美半島などを潤す灌漑用水路、すなわち豊川用水の造成の構想を得て、県や国の議会で提唱した。世人は〝近寿のほら吹き〟と呼んで一笑に付していたが、第二次世界大戦後、その豊川用水構想が実現の運びとなり、東三河の農村に出荷額で全国一を誇るほどの画期的発展をもたらしたのである。寿市郎の雄大な構想は、島国根性を排して海外の進んだ科学や社会制度を積極的に導入しようとした崋山の先見性と相通じるものがある。

▼『愛岐日報』
自由党系の新聞。現在の中日新聞の前身。村松愛蔵は明治十五年に入社して主筆を務めた。

▼川澄徳次
旧田原藩士。自由党員。川澄家は藩要職を務める家系。一八五九〜一九一一。

▼八木重治
旧田原藩士。自由党員。入営中の名古屋鎮台で同志を結集し、軍隊内に蜂起の組織をつくった。八木家は用人を務める重立の家系。一八六二〜一九一一。

▼飯田事件
自由民権運動の激化事件の一つで、藩閥政府打倒をめざす愛知長野両県自由党員による挙兵未遂事件。明治十七年（一八八四）十二月発覚して逮捕された。

これも田原

嘉永の大地震と伊能忠敬

嘉永七年（一八五四）十一月四日、地震と津波に襲われた。四日午前九時頃、在城中の藩主康保は「にわかに地震が起こり、すぐさま居間から庭へ飛び出した。次第に揺れが激しくなったが、少し静まったので居間の道具を取り出したが、鴨居がことごとく落ち、縁側も外れ、壁も所々落ちた上に、廊下、壁屋根等も次々に落ちた」と語っている。城中の被害は甚大だった。

津波については、領内和地村庄屋の「田中家文書」に次のように書かれている。「大地震にて所々家居打転び、大地裂け山は崩れ、如何せんと思う折節、存じ寄らず大津波打ち寄せ、片浜筋村にも高ほうべ迄打ち付け、その波の引く時には、昔より見た人もない沖の磯が皆々現れ、目の届く所には汐一水もなく、和地村の『しょほし』という磯も白砂に相成り、その沖はどれほど汐引くか、目印になるものがなくわからない」ほどだった。和地村は川尻にて三軒流れて砕け、小船磯船が五〇艘ほど流出した。

表浜村々はほとんど高台の上にあるが、川付の池尻村では家の内に魚がいたとか、玄関の上り口に二斗つきの臼が上がったとか、津波が家々を襲っている。領内ではないが西堀切村（総家数二三三軒）では、津波で流された家一一三軒（棟数二七五）、地震津波での半壊が九〇軒、大被害を受けた家は皆々常山に駆け上ったが、死亡八人、死失牛馬七疋、其外地引道具・網船共一式皆流失、海辺汐除堤や土居敷が欠け崩れ、田地一円に土砂が押入り、地境もわからないくらいだった。

地震津波による欠け崩れは、長さ延七一八四間（約一三キロメートル）、幅は平均五間五寸三分（約一〇メートル）と見分されている。津波は内海側の船倉でも記録されている。「スサマジキ鳴声等いたし」、「船倉へ高汐来り、防ぎかね候」という事態になっていた。城下の被災居宅は、家中屋敷で全壊二戸、半壊及大破五三戸、破損四六戸で、町や村では全壊四一戸、半壊大破共二一七戸、破損二二七戸に及んだ。

田原へも来た伊能忠敬

伊能忠敬《いのうただたか》（一七四五～一八一八）の一行が、田原藩領内と渥美半島先端部を測量したのは、享和三年（一八〇三）三月二十九日から四月九日までの十日間だった。測量隊は、太平洋側海岸を久美原から伊良湖へ、さらに三河湾沿いに中山村、畠村、仁崎村、波瀬村、浦村などを経て田原城下、今田村へと進んでいる。

田原では広中六太夫宅に二泊した。田原藩からは、浜方代官萱生源左衛門と森田小伝治が見舞に訪れたが、他に萱生玄順ら何人かの藩士が測量を見学した。忠敬の天文測量の技術に感動し、学問の重要性を痛感したという。

玄順の藩校設立の進言は、この時の感動によるともいわれている。

エピローグ

崋山精神の継承

田原藩家老渡辺崋山は、一般藩士も、治者階級としての責任を自覚し、〝報民〟の思想を持つべしと訴えた。こうした〝民〟尊重の思想は、前掲の村松愛蔵らが提唱した自由民権の思想につながるが、農村の自力更生をめざして二宮尊徳の教えを普及する報徳社の思想とも相通じる面があった。

野田村では河合為次郎（一八五〇～一九三一）が中心になって、報徳社の思想に基づく「三遠農学社東三支社」が、明治二十六年（一八九三）に設立された。耕地整理・水利計画・貯金組合などの研究協議を積み重ね、農事振興を堅実に進めた。その結果、野田村は明治四十三年（一九一〇）に内務大臣から全国の模範村として表彰されるなど、第二次世界大戦後の農業協同組合の活動の基礎を築いたのである。

田原藩士族の岡田虎二郎（一八七二～一九二〇）は、青年期には三遠農学社の報徳思想に共鳴して、農作物の栽培方法や品種改良の研究に取り組み、全国的にも注目される収穫実績をあげた。しかし、虎二郎の関心は農事改良から人間の身心開発に向かい、三年半のアメリカ遊学から帰国した後、日本民族の身心改造をめざす独特の〝静座法〟を考案した。それは単なる健康法ではなく、政治や宗教の巧妙な宣伝・暗示に乗ぜられない自主独立の人間づくりをめざした教育方法であり、自己本来の生きる力を開発する体験学習の方法でもあった。虎二郎の語録の中には、軍国日本の学校教育が忠君愛国の知識のつめ込みに重点を置いていることを批判し、内なる活力を引き出す開発教育への転換を求める提言がたくさん認められる。

虎二郎の姪と結婚した神戸村の伊藤武雄（一八九五〜一九八四）は東大新人会を経て満鉄調査部に就職し、国民党政権下の中国社会の調査研究に従事した。日中戦争の長期化・苦況化という暗い見通しの報告書を出したために、敗戦思想のもち主として一時禁獄の身になったが、大戦後は中国研究所や日中友好協会の創設に尽力し、日中の国交回復のために多大の貢献をした。

日露戦争後に田原中部小学校長になった伊奈森太郎（一八八三〜一九六一）は、月刊雑誌『家庭と学校』を創刊し、当時田原町民にもなじみの薄かった崋山を、田原町民の模範的人物として紹介・解説した。伊奈は虎二郎の身心開発教育の感化を受けた郷土教育の功労者だったが、その崋山像は、教育勅語体制下の臣民道徳の教材としての性格をもっていた。大戦後、伊奈の門弟の小沢耕一（一九一〇〜二〇〇八）は、皇国史観への反省に基づく実証的な研究により、人間性豊かな新しい崋山像を提示したのである。

混迷を極める二十一世紀の現在、私たちはこの閉塞した状況を打開する手がかりとして、渥美半島に住んだ先人たちの明暗に彩られた暮らしぶりを追体験したい。また、崋山の開国進取の精神などの母胎となった田原藩の歴史を、心新たに学び直したいものである。

あとがき

子どもの時から好きだった歴史学を専攻し、教員の研究グループ「東三高校日本史研究会」に所属していたが、郷土史に本格的に関わるのは遅かった。平成五年度から五年間、田原区が文化誌『蔵王』を発行するにあたり、執筆者の一員となり、戦国大名田原戸田氏について書いた。その二年目のある日、静岡県『新居町史』を読んでいて、自分の確信していた『田原町史』と相反する記述を目にし、大きな衝撃を受けた。そこから、私の戸田氏への関心が強まり、東三河の戦国争乱期の研究に取り組むようになった。

本書では前半を担当した。戸田氏の時代は史料が乏しいが、三宅氏の時代になると『藩日記』が残っている。一部の地域には地方史料もある。それらを読み、『田原町史』など先人の業績にもたれて執筆した。郷土史は郷土の人名や地名になじみのある地元の読者が主な対象だが、今回は全国向けで、田原の来歴をまったく知らない人にもわかるように書かなければいけないので、その点に苦労した。それでも、田原戸田氏の善政や比留輪山争論の実相等について、全国に発信できたことはよかったと思う。（加藤）

退職後の趣味にと、古文書サークル鬼おとしの会や豊橋中央図書館土曜日会に参加し、古文書研究に着手した頃、田原藩日記の翻刻作業の再開にあたって募集された「藩日記を読む会」に加えてもらった。そのことが田原藩日記との初めての出会いだった。まもなく愛知大学大学院に入学を許され、神谷智教授の指導の下、修士論文で田原藩義倉の報民倉をテーマに取り組んだことが、田原藩政や渡辺崋山の研究に取り組むきっかけとなった。本書では後半を担当し、藩独自の海防や救荒策について未開の分野を少し書けたかと思っている。しかし、初心者のにわか勉強の悲しさで田原藩家中の労苦や哀歓を十分表現できなかったし、藩政史上の重要事項を見落としたかもしれない。三宅家は明治維新までこの地に留まった現状保守的な貧乏藩だったが、その鬱積を払うようなユニークな動きが天保期から幕末にかけてみられる。約二百年前、新しい世のあり方を模索・提起した崋山やその同志たちの姿に学んで、今後も藩政研究を続けたい。（石川）

江戸期の大火で、町方の史料が全滅し、地方史料も一部地域しか残っていないので、主要な史料は領主側の『藩日記』になりました。そのため、商工業についての記述が欠落し、農村の記述についても地域的な偏りが生じたことが残念至極です。

調査不足のため史実の誤認等がありましたら、ご教示を賜りたいと存じます。

今回の執筆の話は、元愛知大学教授の別所興一先生からご紹介いただき、その上本書の内容構成・掲載項目の選定等をご指導いただき、三年の長きにわたってお世話になりました。出版にあたって、田原市博物館、崋山・史学研究会、田原藩日記翻刻委員会の皆さんにお世話になりました。また、このような出版の機会を与えていただいた現代書館社長の菊地泰博様、出版に不慣れな私たちのために懇切な校正の労とさまざまなご助言をいただいた、編集担当の加唐亜紀様に心からお礼申し上げます。（加藤・石川）

参考引用文献

愛知県史編さん委員会『愛知県史』資料編10、19、20、22、通史編3、4、5
静岡県史編さん委員会『静岡県史』資料編7中世3　一九九四
田原町文化財調査会『田原町史』上、中、下巻　一九七一〜七八
渥美町町史編さん委員会『渥美町史』資料編、歴史編　一九八五〜九一
赤羽根町史編纂委員会『赤羽根町史』一九六八
豊橋市史編集委員会『豊橋市史』第一、二、五巻、一九七三〜七五
新編岡崎市史編集委員会『新編岡崎市史』二中世　一九八九
田原町文化財保護審議会『田原藩家中分限帳』（『田原の文化』第一一号）一九八四
同『田原藩日記』一〜一一巻　一九八七〜二〇一五
田原市教育委員会『赤羽根の古文書』二〇〇五
田原区文化誌編集委員会『蔵王　田原区文化誌』1〜5号　田原区　一九九四〜九八
野田史編集委員会『野田史』二〇〇二
三河地域史研究会編・刊『三河地域史研究　会報集成』一〜七〇号　二〇一七
続群書類従完成会『新訂寛政重修諸家譜』二、一四、一六　一九六四〜六五
同『寛永諸家系図伝』一〇、一一　一九八六〜八七
同『当代記　駿府記』一九九五
東京大学史料編纂所『大日本史料』第一二編の七
『藩史大事典』第4巻中部編Ⅱ—東海　雄山閣出版　一九八九
小澤耕一・鬮目作司・渡辺英明『近世史事典』田原町教育委員会　一九九九
東三河文化人名事典編輯委員会編・刊『近世近代東三河文化人名事典』二〇一五
佐藤昌介「田原藩」（『物語藩史3』）人物往来社　一九六四
小澤耕一「田原藩」（『新編物語藩史』第五巻）新人物往来社　一九七五
山田邦明『戦国時代の東三河　牧野氏と戸田氏』あるむ　二〇一四
鬮目作司『その後の戸田一族』（『田原の文化』第二〇号　田原町教育委員会、一九九四）
松井恒太郎編著『宇都宮城主戸田御家記』随想舎　一九八九
金田温『漫録田原藩』全六巻　私家版　一九九〇〜九八
徳田浩淳『下野歴史物語』国書刊行会　一九八三
小澤耕一・芳賀登監修『渡辺崋山集』第1〜7巻　日本図書センター　一九九九
小澤耕一『崋山渡邉登』財団法人崋山会、一九九五
小澤耕一『渡辺崋山研究』日本図書センター、一九九八
佐藤昌介『渡辺崋山』吉川弘文館、一九八六
杉浦明平『崋山探索』河出書房新社、一九七二
別所興一『渡辺崋山』あるむ、二〇〇四
同『渡辺崋山書簡集』平凡社、二〇一六
同「渡辺崋山の教育思想」『日蘭学会史』28・29号、一九九〇
田中弘之『「蛮社の獄」のすべて』吉川弘文館、二〇一一
石川松太郎『藩校と寺子屋』教育社　一九七八
矢森小映子「天保期田原藩における『藩』意識の諸相—家老渡辺崋山の凶荒対策を中心に—」『日本歴史』第七八二号、二〇一三
田原町博物館『田原藩と三山展—渡辺崋山、鈴木春山、伊藤鳳山』
菊池勇夫『近世の飢饉』吉川弘文館、一九九七
佐藤昌介『洋学史の研究』中央公論社、一九八〇
荒野泰典編『近世日本の国際関係と言説』溪水社　二〇一七
東三地方史研究会『柴田善伸翁日記抜書其二』二〇一九
東三高校日本史研究会編・刊『東三河の近代を築いた人びと』一九九七
新町町内会『たはら祭　新町の祭礼と山車』二〇〇三
安江茂『伊良湖の歌ひじり糟谷磯丸』本阿弥書店、二〇一〇
佐藤堅司編『鈴木春山兵学全集』上、中、下巻　八紘会　一九三七
田原市教育委員会『田原を築いた人びと』二〇一一
巴江倶楽部『田原城・田原藩』二〇一五
同『渥美半島の城館』二〇一四
増山禎一・天野敏規『たはら歴史探訪クラブ』田原市　二〇一二

協力者

天野敏規、菊地辰夫、木村洋介、鈴木利昌、山田哲夫

加藤克己（かとう・かつみ）
一九五〇年、愛知県渥美郡（現田原市）生まれ。広島大学文学部卒。愛知県で高校教員。二〇一一年、退職後、田原市文化財保護審議会委員。NHK文化センター豊橋教室で歴史講座の講師。共同執筆『野田史』『渥美町史現代編』『田原赤羽根の歴史現代編』。主な論文「慶長十五年秀忠巻狩の怪」（『田原市博物館研究紀要』第二号、二〇〇七）、「渥美半島における荘園公領制の成立と展開1、2、3」（『田原の文化』38、40、42号、二〇一二、一四、一六）。

石川洋一（いしかわ・よういち）
一九五〇年、愛知県渥美郡（現田原市）生まれ。愛知教育大学卒。田原市内の小中学校教員。退職後、愛知大学大学院文学研究科日本文化専攻修士課程入学。天保期以後の田原藩日記の解読に取り組む。田原藩政史と共に、鈴木春山や村上範致などの研究を進めている。論文「「知多木綿と渥美」（渥美町郷土資料館研究紀要3、一九九九）「慶応四年渥美半島先端の村で」（同5、二〇〇一）「田原藩義倉の一考察」（修士論文、二〇一二）。

シリーズ 藩《はん》物《もの》語《がたり》 **田《た》原《はら》藩《はん》**

二〇二〇年八月二十五日 第一版第一刷発行

著者——加藤克己、石川洋一
発行者——菊地泰博
発行所——株式会社 現代書館
東京都千代田区飯田橋三—二—五 郵便番号 102-0072 http://www.gendaishokan.co.jp/
電話 03-3221-1321 FAX 03-3262-5906 振替 00120-3-83725
組版——デザイン・編集室 エディット
装丁基本デザイン——中山銀士
装丁——伊藤滋章
印刷——平河工業社（本文）東光印刷所（カバー・表紙・見返し・帯）
製本——鶴亀製本
編集——加唐亜紀
編集協力——黒澤 務
校正協力——高梨恵一

 ISBN978-4-7684-7156-2

江戸末期の各藩

松前、**八戸**、七戸、黒石、**弘前**、**盛岡**、**一関**、**秋田**、亀田、本荘、秋田新田、仙台、松山、**新庄**、**庄内**、天童、長瀞、**山形**、上山、**米沢**、米沢新田、相馬、福島、**二本松**、三春、**会津**、**守山**、棚倉、平、湯長谷、泉、**村上**、黒川、三日市、**新発田**、村松、三根山、与板、**長岡**、椎谷、**高田**、糸魚川、松岡、笠間、宍戸、**水戸**、下館、結城、**古河**、下妻、府中、土浦、麻生、谷田部、牛久、大田原、黒羽、烏山、喜連川、**宇都宮・高徳**、**壬生**、吹上、**足利**、佐野、関宿、高岡、佐倉、小見川、多古、一宮、**生実**、鶴牧、久留里、大多喜、請西、飯野、佐貫、勝山、館山、岩槻、忍、岡部、**川越**、沼田、前橋、**伊勢崎**、館林、高崎、吉井、小幡、安中、七日市、飯山、須坂、**松代**、**上田**、**小諸**、岩村田、田野口、**松本**、諏訪、**高遠**、飯田、金沢、荻野山中、**小田原**、**沼津**、小島、田中、掛川、**相良**、横須賀、浜松、富山、加賀、**大聖寺**、郡上、高富、苗木、岩村、加納、大垣、高須、今尾、犬山、挙母、岡崎、西大平、西尾、**三河吉田**、**田原**、大垣新田、尾張、**刈谷**、西端、長島、**桑名**、神戸、菰野、亀山、津、久居、鳥羽、宮川、彦根、大溝、山上、西大路、三上、膳所、水口、丸岡、勝山、大野、**福井**、鯖江、敦賀、小浜、**淀**、新宮、田辺、紀州、峯山、宮津、田辺、綾部、山家、園部、亀山、福知山、柳生、柳本、芝村、郡山、小泉、櫛羅、高取、高槻、麻田、丹南、狭山、岸和田、伯太、豊岡、出石、柏原、篠山、尼崎、三田、三草、明石、小野、姫路、林田、安志、龍野、山崎、三日月、赤穂、鳥取、若桜、鹿野、**津山**、勝山、新見、岡山、庭瀬、足守、岡田、岡山新田、浅尾、松山、鴨方、福山、広島、広島新田、高松、丸亀、多度津、西条、小松、今治、松山、**大洲・新谷**、**伊予吉田**、**宇和島**、徳島、**土佐**、土佐新田、**松江**、広瀬、母里、浜田、津和野、岩国、徳山、長州、長府、清末、小倉、小倉新田、**福岡**、**秋月**、**久留米**、柳河、**三池**、蓮池、唐津、**佐賀**、**小城**、鹿島、大村、島原、平戸、平戸新田、**中津**、杵築、日出、**府内**、臼杵、**佐伯**、森、**岡**、熊本、熊本新田、宇土、人吉、延岡、高鍋、佐土原、飫肥、薩摩、対馬、五島（各藩名は版籍奉還時を基準とし、藩主家名ではなく、地名で統一した）

★太字は既刊

シリーズ藩物語・別冊『それぞれの戊辰戦争』（佐藤竜一著、一六〇〇円＋税）

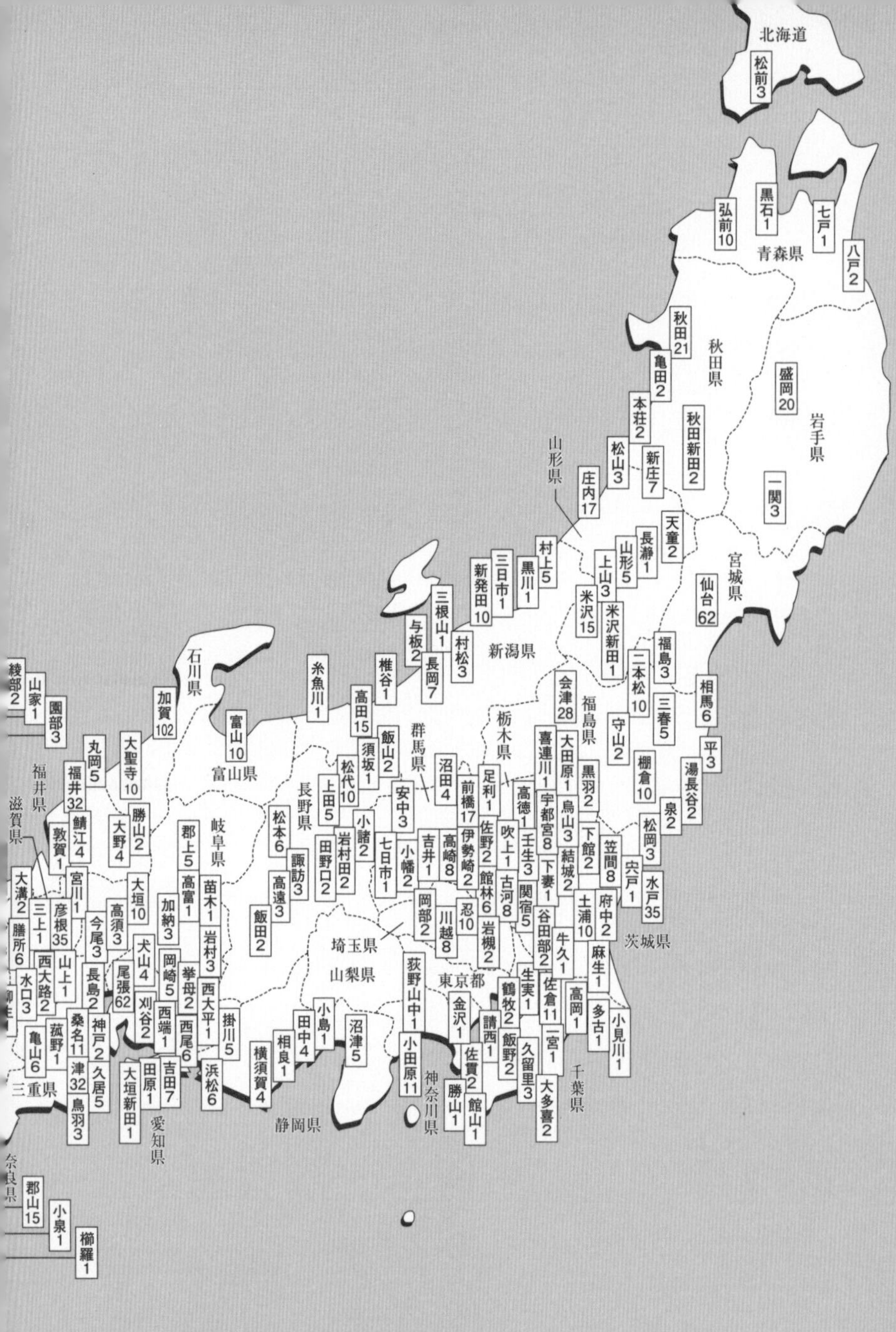

江戸末期の各藩
（数字は万石。万石以下は四捨五入）